金属矿产资源供需与矿产资源安全研究

张　伟◎著

群言出版社
QUNYAN PRESS
·北京·

图书在版编目（CIP）数据

金属矿产资源供需与矿产资源安全研究 / 张伟著 . 北京 : 群言出版社, 2025. 5. -- ISBN 978-7-5193-1093-6

Ⅰ. F426.1

中国国家版本馆 CIP 数据核字第 2025Q0S386 号

责任编辑：宋盈锡
封面设计：张秋艳

出版发行：群言出版社
地　　址：北京市东城区东厂胡同北巷1号（100006）
网　　址：www.qypublish.com（官网书城）
电子信箱：qunyancbs@126.com
联系电话：010-65267783　65263836
法律顾问：北京法政安邦律师事务所
经　　销：全国新华书店

印　　刷：三河市南阳印刷有限公司
版　　次：2025年5月第1版
印　　次：2025年5月第1次印刷
开　　本：710mm×1000mm　1/16
印　　张：8.5
字　　数：170千字
书　　号：ISBN 978-7-5193-1093-6
定　　价：45.00元

作者简介

张伟，男，1982年出生，河南省三门峡市人，硕士研究生学历，毕业于山西师范大学人文地理学专业，现任职于河南省地质研究院，高级工程师。主要研究方向：地质矿产勘查开发及相关政策。

作者简介

前　言

金属矿产资源作为国民经济和社会发展的重要物质基础，其地位日益凸显。随着全球工业化、城镇化进程的加速推进，金属矿产资源的需求量持续增长，而资源的稀缺性、不可再生性以及分布不均等特性，使得金属矿产资源的安全供给成为各国关注的焦点。本书全面探讨了金属矿产资源的属性、特征、作用及其与国家安全的关系，深入分析了我国金属矿产资源的供需形势和安全状况，提出了金属矿产资源安全供给的路径和策略。

全书共五章，第一章为绪论，首先，本章对金属矿产资源的属性进行了深入剖析。金属矿产资源不仅具有自然属性，还具有经济属性。这些属性共同决定了金属矿产资源的开发利用方式。其次，本章总结了金属矿产资源的特征，其对金属矿产资源的开发利用带来了严峻的挑战。在明确金属矿产资源的属性和特征后，进一步探讨了金属矿产资源的作用。金属矿产资源是工业生产的原材料，是科技进步的支撑，也是国防建设的基础。最后，本章指出保障金属矿产资源稳定供应对于维护国家经济安全、促进科技进步和增强国防实力具有重要意义。第二章至第四章对金属矿产资源的供需形势和安全状况进行了全面分析。第五章提出了金属矿产资源安全供给的国际经验与本土路径，旨在为我国金属矿产资源的可持续利用和安全供给提供有力保障。

在撰写本书的过程中，笔者借鉴了许多前人的研究成果，在此表示衷心的感谢。

探索知识的道路是永无止境的，本书还存在着不足之处，恳请广大读者进行斧正，以便改进和提高！

张　伟

2024 年 12 月

目 录

第一章　绪论

首先，本章详细分析了金属矿产资源的自然属性，包括形成与分布、物理化学性质，指出了其对开发利用的重要影响，同时重点阐述了其经济属性，探讨了市场供需关系与经济价值评估，揭示了其在国民经济中的重要地位。其次，本章深入剖析了金属矿产资源的特征，如种类丰富但分布不均、成矿条件复杂等，这些特征决定了金属矿产资源开发利用的复杂性与挑战性。再次，本章分析了金属矿产资源的作用，作为工业生产的基石，金属矿产资源支持多行业发展，体现了国家的经济实力与科技实力，推动社会进步，保障国家安全。最后，本章强调了金属矿产资源对国家经济安全、国防安全及战略资源储备的重要性，同时针对资源分布不均、资源开发与环境保护的矛盾等问题，提出了加强国际合作、制定科学政策、推动科技创新等应对策略。

第一节　金属矿产资源的属性

金属矿产资源是国民经济和社会发展的重要物质基础，广泛应用于建筑、交通、机械、电子、能源等多个领域。随着全球工业化和城市化的加速推进，金属矿产资源的需求量持续增长，其属性研究对于科学合理地开发利用金属矿产资源具有重要意义。

一、金属矿产资源的自然属性

（一）形成与分布

金属矿产资源是在地球漫长的地质历史过程中，通过岩浆活动、变质作用、沉积作用等多种地质作用形成的。这些地质作用不仅塑造了地球的岩石圈结构，也孕育了丰富多样的金属矿产资源。不同种类的金属矿产资源具有不同的形成条件和分布规律，这些规律往往与特定的地质构造背景、岩浆活动类型和沉积环境密切相关。

1. 形成方式与机制

岩浆活动：岩浆活动是金属矿产资源形成的重要方式之一。在岩浆冷却结晶过程中，由于不同元素的溶解度、分配系数和结晶顺序的差异，某些金属元素会富集形成矿床。例如，镍、铜等金属常与基性、超基性岩浆活动有关，它们可以在岩浆分异过程中富集于岩浆房的底部或边部，形成岩浆型硫化物矿床。

变质作用：变质作用也是金属矿产资源形成的重要途径。在区域变质或接触变质过程中，原岩中的金属元素在温度、压力和化学活性流体的作用下重新分配，形成新的矿物组合和矿床。例如，铁矿床中的磁铁矿、赤铁矿等矿物往往与区域变质作用有关。

沉积作用：沉积作用主要形成层状、似层状的金属矿床。这些矿床通常与古地理环境、沉积相和生物作用密切相关。例如，锰矿床多形成于海相沉积环境，与古海盆的氧化还原条件、生物活动等因素有关；而铝土矿则多形成于陆相沉积环境，与古气候、古地理和母岩性质等因素有关。

2. 分布规律

全球分布：金属矿产资源的全球分布极不均匀，一些地区富集了大量的金属矿产资源，成为全球重要的矿产供应基地；而另一些地区的金属矿产资源则相对贫乏。这种分布不均的现象与地球的地质构造、岩浆活动、沉积环境等因素密切相关。例如，环太平洋成矿带是全球最重要的金属成矿带之一，这里集中了世界上大部分的铜、金、银等金属矿产资源。

中国分布：我国金属矿产资源分布广泛，但地区分布不均。我国已探明储量的金属矿产有 54 种，主要分布在内蒙古、辽宁、河北、山西、山东、江西、云南等地。这些地区的地质构造复杂多样，岩浆活动频繁，为金属矿产资源的形成提供了有利条件。例如，内蒙古的白云鄂博铁矿是世界著名的稀土 – 铁矿床，其稀土储量居世界首位；而江西的德兴铜矿则是中国最大的斑岩型铜矿之一。

不同种类的金属矿产资源具有不同的分布特点。例如，铁矿多形成于沉积岩或变质岩中，我国的大型铁矿床主要分布在辽宁鞍山、河北邯郸、山西灵丘等地；铜矿则多与火山岩或侵入岩有关，我国的主要铜矿床分布在江西德兴、云南东川等地。此外，铝土矿、铅锌矿、锰矿等金属矿产资源也有其独特的分布规律和特点。

（二）物理化学性质及其影响

金属矿产资源具有多样的物理化学性质，这些性质不仅决定了其本身的特性和用途，也对其开采、选矿、冶炼和加工的难度和成本产生了重要影响。

1. 金属矿物的物理性质

（1）颜色与光泽

矿物的颜色与光泽是其重要的物理性质之一。不同种类的金属矿物具有不同的颜色和光泽，这些性质可以用于矿物的鉴别和分类。例如，黄铜矿呈黄铜色，具有金属光泽；而赤铁矿则呈红褐色、钢灰色等，具有金属至半金属光泽。

（2）硬度与密度

硬度是指矿物抵抗外来机械作用力的能力，而密度则是指矿物的质量与体积之比。不同种类的金属矿物具有不同的硬度和密度，这些性质可以用于选矿和矿物的加工。例如，磁铁矿的硬度较高，密度也较大；而石墨则具有较低的硬度和密度。

（3）磁性

磁性是指矿物对磁场的响应能力。某些金属矿物具有磁性，如磁铁矿、赤铁矿等，这些矿物可以通过磁选法进行分离和提纯。磁选法是一种高效、环保的选矿方法，在金属矿产资源的开发利用中具有广泛应用价值。

2. 金属元素的化学性质

（1）金属活动性

金属活动性是指金属元素在化学反应中的活泼程度。金属活动性越强的金属，越容易与其他元素发生化学反应，形成化合物。例如，钾、钠、钙等金属活动性很强的金属，在自然界中通常以离子形式存在，很难以单质形式存在；而金、银、铂等金属活动性很弱的金属，则常以单质形式存在于自然界中。

（2）氧化性和还原性

氧化性和还原性是指金属元素在氧化还原反应中得失电子的能力。金属元素在氧化还原反应中通常作为还原剂，失去电子被氧化；而非金属元素则作为氧化剂，得到电子被还原。例如，铁在潮湿环境中容易被氧化生成铁锈（主要成分为氧化铁），而铜则相对较难被氧化。

（3）络合性

络合性是指金属元素与配体（如氨、水、氯离子等）形成络合物的能力。络合物的形成可以改变金属元素的化学性质，使其在某些条件下的稳定性和溶解性发生变化。例如，银离子与氨水反应可以生成稳定的银氨络离子，这种络离子在电镀和摄影等领域中有广泛应用。

3. 对开采难度、选矿效率、冶炼与加工成本的影响

（1）对开采难度的影响

金属矿产资源的开采难度与其物理化学性质密切相关。例如，硬度较高、密度较大的矿物需要采用更强大的开采设备和更复杂的开采工艺；而具有磁性的矿物则可以通过磁选法进行初步分离和富集，进而降低开采成本。

（2）对选矿效率的影响

选矿效率是指从原矿中提取有用矿物的比例和速度。金属矿产资源的物理化学性质对选矿效率有重要影响。例如，具有明显物理性质差异的矿物可以通过物理选矿方法（如重选法、浮选法等）进行高效分离；而具有化学性质差异的矿物则可以通过化学选矿方法（如浸出、萃取等）进行分离和提纯。

（3）对冶炼与加工成本的影响

冶炼与加工成本是指将金属矿产资源转化为金属产品所需的费用。金属矿产资源的物理化学性质对冶炼与加工成本有重要影响。例如，熔点较低的金属（如锡、铅等）可以利用较低的冶炼温度进行冶炼；而熔点较高的金属（如钨、钼等）则需要利用更高的冶炼温度并采取更复杂的冶炼工艺。此外，某些金属在冶炼过程中容易产生有害气体或固体废物，需要采用特殊的环保措施进行处理和排放，这也增加了冶炼与加工成本。

二、金属矿产资源的经济属性

（一）市场供需关系

金属矿产资源的经济属性首先体现在其市场供需关系上。金属矿产资源作为工业生产的重要原材料，其需求量与全球经济的发展状况、工业化进程及新兴产业的发展密切相关。随着全球经济的持续增长和工业化进程的加速推进，金属矿产资源的需求量不断增加，尤其是在汽车制造、建筑、电子、航空航天等领域，金属矿产资源的消耗速度更是惊人。

然而，金属矿产资源的供应量受到多种因素的制约。资源储量是决定金属矿产资源供应量的基础因素。不同种类的金属矿产资源在全球范围内的储量分布极不均匀，某些地区富集了大量的金属矿产资源，成为全球重要的矿产资源供应基地；而另一些地区的金属矿产资源则相对贫乏，难以满足自身需求，需要依赖进口。此外，资源储量的开采潜力也受到地质条件、开采技术、环境保护等多种因素的限制。

开采技术是影响金属矿产资源供应量的另一个重要因素。随着科技的不断进步，开采技术也在不断更新换代。新的开采技术能够更高效地开采金属矿产资源，提高资源回收率，降低开采成本。然而，开采技术的提升也需要投入大量的研发资金和人力资源，并非一蹴而就的。

生产成本也是影响金属矿产资源供应量的关键因素之一。生产成本包括开采成本、选矿成本、冶炼成本等多个环节。随着劳动力成本、能源成本、环保成本等的不断上升，金属矿产资源的生产成本也在不断增加。这导致部分高成本、低品位的金属矿产资源难以被开采利用，进一步限制了金属矿产资源的供应量。

市场供需关系的变化直接影响金属矿产资源的价格波动和开发利用策略。当市场需求大于供应时，金属矿产资源的价格往往会上涨，刺激开采企业增加产量，提高资源回收率，以满足市场需求。然而，这种价格上涨也可能导致过度开采和浪费现象的发生，对环境和社会造成负面影响。因此，政府需要通过制定相关政策法规来引导和规范金属矿产资源的开发利用行为，确保资源的可持续利用。

以铜为例，铜是一种重要的工业金属，广泛应用于电力、建筑、交通、电子等多个领域。2022 年，全球铜市场供需双降。受全球经济下行压力的影响，铜的需求量出现下滑。同时，由于铜矿开采成本的上升和环保要求的提高，铜矿的供应量也受到限制。然而，在资本的协助下，铜价仍维持在高价位运行。这主要是铜市场的供需关系紧张以及市场对未来需求的乐观预期所导致的。

除了铜之外，其他金属矿产资源的市场供需关系也呈现出类似的规律。例如，铁矿、铝土矿、铅锌矿等金属矿产资源的价格波动和开发利用策略也受到市场供需关系的影响。在全球经济一体化的大背景下，金属矿产资源的市场供需关系已经超越了国界和地区的限制，成为全球性的经济现象。

（二）经济价值评估

金属矿产资源的经济价值评估是金属矿产资源开发利用的重要环节。对金属矿产资源的储量、品位、开采成本、市场价格等因素进行综合分析，可以评估其经济价值，为金属矿产资源开发决策提供科学依据。

经济价值评估的方法多种多样，包括现值法、收益法、成本法等。现值法是一种常用的经济价值评估方法，它通过将未来的现金流折现到现在的价值来评估金属矿产资源的经济价值。现值法考虑了资金的时间价值，能够更准确地反映金属矿产资源的长期经济价值。然而，现值法也存在一些局限性，如对未来现金流的预测存在一定的不确定性，折现率的选择也可能对评估结果产生影响。

收益法是另一种常用的经济价值评估方法，它通过分析金属矿产资源的开采收益来评估其经济价值。收益法考虑了金属矿产资源的开采成本、销售价格、税费等因素，能够更直观地反映金属矿产资源的盈利能力。然而，收益法也存在一些局限性，如对未来销售价格和开采成本的预测存在一定的不确定性，税费政策的变化也可能对评估结果产生影响。

成本法是一种基于开采成本的经济价值评估方法，它通过分析金属矿产资源的开采成本来评估其经济价值。成本法考虑了金属矿产资源的开采难度、开采设备、劳动力成本等因素，能够更准确地反映金属矿产资源的开采成本。然而，成本法也存在一些局限性，如忽略了金属矿产资源的稀缺性和市场需求等因素对其经济价值的影响。

在实际应用中，需要根据具体情况选择合适的评估方法。对于储量较大、开采成本较低的金属矿产资源，可以采用现值法或收益法进行评估；对于储量较小、开采成本较高的金属矿产资源，可以采用成本法进行评估。此外，还可以结合多种评估方法进行综合分析，以提高评估结果的准确性和可靠性。

经济价值评估对金属矿产资源开发决策具有重要意义。通过经济价值评估，可以了解金属矿产资源的盈利能力和开发潜力，为矿产资源开发决策提供科学依据。同时，经济价值评估还可以帮助政府制定合理的矿产资源税费政策和矿产资源开采规划，促进矿产资源的可持续利用。

具体来说，经济价值评估在以下几个方面发挥着重要作用。

1. 为矿产资源开发决策提供科学依据

通过经济价值评估，投资者可以了解金属矿产资源的盈利能力和开发潜力，为矿产资源开发决策提供科学依据。这有助于避免盲目开发和资源浪费现象的发生，提高资源利用效率。

2. 促进矿产资源的可持续利用

通过经济价值评估，政府可以了解金属矿产资源的稀缺性和市场需求等因素对其经济价值的影响。这有助于政府制定合理的矿产资源税费政策和矿产资源开采规划，促进矿产资源的可持续利用。同时，经济价值评估还可以引导企业采用更环保、更高效的开采技术和方法，减少对环境的破坏和污染。

3. 为投资者提供决策参考

通过经济价值评估，投资者可以了解金属矿产资源的盈利能力和开发潜力，为投资决策提供参考。这有助于投资者选择合适的投资项目和合作伙伴，规避投资风险并提高投资回报。

4. 推动矿产资源市场的健康发展

通过经济价值评估，政府可以了解金属矿产资源的市场供需关系和价格波动规律。这有助于政府制定合理的矿产资源市场监管政策和价格调控措施，维护市场的稳定和健康发展。同时，进行经济价值评估还可以提高市场的透明度和公平性，促进资源的优化配置和合理利用。

总之，金属矿产资源的经济属性主要体现在其市场供需关系和经济价值评估上。通过对金属矿产资源的市场供需关系和经济价值进行评估和分析，我们可以了解金属矿产资源的盈利能力和开发潜力，为矿产资源开发决策提供科学依据。同时，经济价值评估还可以促进矿产资源的可持续利用、为投资者提供决策参考以及推动矿产资源市场的健康发展。

三、金属矿产资源的社会属性

（一）战略资源地位

金属矿产资源作为国民经济的重要战略资源，其地位不言而喻。在经济全球化日益加深的今天，金属矿产资源的供应与利用直接关系到国家的经济安全和国防安全。这些资源不仅是工业生产的基础，更是高科技产业和国防工业不可或缺的关键要素。

1. 保障国家经济安全

金属矿产资源是国家经济发展的基石。从基础设施建设到高端制造业，从能源产业到信息技术，金属矿产资源无处不在，其供应的稳定性和可持续性直接影响到国家经济的平稳运行。以稀土为例，稀土元素因其独特的物理化学性质，被誉为“工业维生素”，在电子、激光、核工业、超导等诸多领域有着广泛的应用。中国是全球最大的稀土生产国和出口国，稀土资源的稳定供应对于保障中国乃至全球高科技产业的持续发展具有重要意义。

然而，随着全球对稀土等关键金属矿产需求的不断增加，资源供应的安全性问题也日益凸显。一些国家开始意识到稀土等关键金属矿产的战略价值，纷纷采取措施加强本国资源的保护和开发，甚至通过限制出口、建立战略储备等方式来保障本国资源供应的安全。这种趋势使得全球金属矿产资源市场的竞争更加激烈，也进一步凸显了金属矿产资源在国家经济安全中的战略地位。

2. 支撑国防工业发展

金属矿产资源在国防工业中同样具有不可替代的作用。从航空航天到武器装备，从电子通信到导航定位，金属矿产资源都是国防工业不可或缺的关键材料。例如，钛合金因其高强度、低密度、耐腐蚀等优良性能，被广泛应用于航空航天领域，成为制造飞机、导弹等武器装备的重要材料。而钨、钼等金属则因其高熔点、高硬度等特性，在军事工业中也有着广泛的应用。

随着科技的不断发展，现代武器装备对金属矿产资源的需求也越来越多样化、高端化。为了满足国防工业的需求，各国纷纷加大对金属矿产资源勘探、开发和利用的投入力度，力求在资源竞争中占据有利地位。同时，各国还加强了对金属矿产资源开采的技术研发和创新力度，以提高资源的利用效率和附加值，为国防工业的发展提供有力支撑。

3. 关键金属矿产的战略意义

在众多金属矿产资源中，稀土、钨、钼等关键金属矿产因其独特的物理化学性质和广泛的应用领域而备受瞩目。这些金属矿产不仅在高科技产业中占据重要地位，还在国防工业中发挥着不可替代的作用。

稀土元素因其独特的电子层结构和光学、磁学等性能，在永磁材料、发光材料、储氢材料等领域有着广泛的应用。随着新能源、新材料等高科技产业的快速发展，稀土元素的需求量不断增加。例如，在风力发电领域，稀土永磁材料是制造高效风力发电机的关键材料；在新能源汽车领域，稀土元素则用于制造高性能电机和电池等关键部件。因此，稀土资源的稳定供应对于保障新能源等高科技产业的持续发展具有重要意义。

钨和钼等金属则因其高熔点、高硬度等特性，在军事工业中有着广泛的应用。例如，钨合金因其高密度、高强度等特性，被广泛应用于制造穿甲弹、破甲弹等武器装备；而钼则因其良好的导热性、耐腐蚀性等特性，在航空航天、核工业等领域也有着广泛的应用。因此，钨、钼等金属矿产的战略意义同样不容忽视。

（二）环境和社会影响

金属矿产资源的开发利用对环境和社会产生着深远的影响。一方面，开采和加工过程中产生的废渣、废水、废气等污染物对生态环境造成了严重的破坏；另一方面，矿产资源开发还可能引发地质灾害、土地退化等环境问题，以及土地征用、移民安置等社会问题。因此，在开发利用金属矿产资源的过程中，必须充分考虑其环境和社会影响，采取切实有效的措施加以防范和治理。

1. 环境破坏与污染

金属矿产资源在开采和加工过程中会产生大量的废渣、废水和废气等污染物。这些污染物如果不经过妥善处理就直接排放到环境中，将对生态环境造成严重的污染和破坏。

废渣是金属矿产资源开采过程中产生的主要固体废弃物之一。这些废渣不仅占用了大量的土地资源，还可能对土壤、水源等环境要素造成污染。例如，在金属矿山开采过程中产生的尾矿渣、废石渣等，如果不经过妥善处理就直接堆放或填埋，将对土壤和水源造成长期污染。此外，一些含有重金属等有害物质的废渣还可能通过风化、淋滤等过程进入水体和土壤，对生态环境造成更为严重的破坏。

废水是金属矿产资源开采和加工过程中产生的另一种主要污染物。这些废水含有高浓度的重金属离子、悬浮物、有机污染物等有害物质，如果不经过妥善处理就直接排放到水体中，将对水体造成严重的污染和破坏。例如，在金属矿山开采过程中产生的矿井水、选矿废水等，如果不经过净化处理就直接排放到河流、湖泊等水体中，将对水生生物造成危害，甚至影响人类饮用水的安全。

废气是金属矿产资源开采和加工过程中产生的另一种重要污染物。这些废气含有二氧化硫、氮氧化物、粉尘等有害物质，如果不经过妥善处理就直接排放到大气中，将对大气环境造成严重的污染和破坏。例如，在金属冶炼过程中产生的冶炼废气、烟尘等污染物，如果不经过除尘、脱硫等处理就直接排放到大气中，将严重影响空气质量，甚至引发酸雨等环境问题。

2. 地质灾害与土地退化

金属矿产资源的开发还可能引发地质灾害和土地退化等环境问题。在金属矿山开采过程中，采空区的形成和地下水位的变化等，可能引发地面塌陷、地裂缝、滑坡等地质灾害。这些地质灾害不仅会对矿山生产和周边居民的生命财产安全构成威胁，还可能对生态环境造成长期破坏。

此外，金属矿产资源的开发还可能导致土地退化等环境问题。在金属矿山开采过程中，土壤剥离、植被破坏等可能导致土地肥力下降、水土流失等土地退化现象。这些土地退化现象不仅会影响农业生产和生态环境质量，还可能对区域经济发展和社会稳定产生不利影响。

为了防范和治理金属矿产资源开发引发的地质灾害和土地退化等环境问题，需要采取一系列有效的措施。例如，在金属矿山开采过程中，应加强采空区的监测和治理工作，及时采取措施防止地面塌陷等地质灾害的发生。同时，还应加强土地复垦和生态修复工作，恢复矿山开采区域的生态环境和土地生产力。

3. 社会问题与冲突

金属矿产资源的开发还可能引发一系列社会问题与冲突。在金属矿山开采过程中，土地征用、移民安置等可能引发当地居民与矿山企业之间的矛盾和冲突。这些矛盾和冲突不仅会影响矿山企业的正常生产和运营秩序，还可能对当地社会的稳定和经济发展产生不利影响。

土地征用是金属矿产资源开发过程中常见的问题之一。在金属矿山开采过程中，为了获取足够的矿产资源储量，矿山企业往往需要征用大量的土地。然而，土地征用过程中往往涉及土地所有权、使用权等权益问题以及补偿标准、安置方式等具体问题。如果这些问题处理不当，就可能引发当地居民与矿山企业之间的矛盾和冲突。

移民安置是金属矿产资源开发过程中另一个重要的问题。在金属矿山开采过程中，由于矿山建设和生产需要占用大量土地并破坏原有生态环境，因此往往需要对当地居民进行移民安置。然而，移民安置过程中同样涉及一系列复杂的问题和挑战。例如，如何制定合理的移民安置政策？如何确保移民安置工作顺利进行？如何保障移民的合法权益和生活质量？这些问题都需要政府、企业和社区共同努力来解决。

为了解决金属矿产资源开发引发的社会问题和冲突，需要采取一系列有效的措施。例如，政府应加大对金属矿产资源开发项目的审批和监管力度，确保项目符合法律法规和环保要求；同时，还应加强对当地居民的宣传教育和引导工作，提高他们对金属矿产资源开发的认识和理解程度。此外，政府还应建立健全社会保障机制和政策体系，为当地居民提供必要的保障和支持；同时，还应加大对矿山企业的监管和约束力度，确保企业依法合规开展生产经营活动并承担相应的社会责任和义务。

四、金属矿产资源的可持续利用性

（一）循环经济理念

在全球资源环境压力日益加大的背景下，循环经济理念逐渐深入人心，并在金属矿产资源开发利用领域得到了广泛应用。循环经济，作为一种以资源高效利用和循环利用为核心的经济模式，旨在通过提高资源利用率、减少废弃物排放、加强资源回收再利用等措施，实现经济、社会和环境的协调发展。在金属矿产资源领域，循环经济理念的实践不仅有助于缓解资源短缺问题，还能有效减轻环境压力，推动金属矿产资源的可持续利用。

1. 提高资源利用率

提高资源利用率是循环经济理念用于金属矿产资源开发利用的核心。传统上，金属矿产资源的开采往往伴随着大量的浪费，如矿石中的有用成分未能充分提取、尾矿中的有价值元素被遗弃等。为了改变这一状况，我们需要采用先进的开采技术和选矿技术，提高矿石的回收率和品位；同时，通过优化冶炼和加工过程，减少能源消耗和废弃物产生，进一步提高资源利用效率。

例如，在铜矿开采过程中，采用先进的浮选技术，可以显著提高铜的回收率，降低尾矿中的铜含量。在铝土矿的利用上，研发高效的拜耳法冶炼技术，可以提高氧化铝的产率和质量，减少能源消耗和废弃物排放。这些技术的应用，不仅提高了资源利用率，还降低了生产成本，增强了企业的竞争力。

2. 减少废弃物排放

减少废弃物排放是循环经济理念用于金属矿产资源开发利用的另一重要方面。废弃物不仅会占用土地、污染土壤和水源，还可能对生态环境造成长期影响。因此，需要采取有效措施减少废弃物的产生和排放。

一方面，优化开采和选矿过程可以减少尾矿的产生。例如，采用更精确的矿石分选技术，将矿石中的有用成分和废弃物有效分离，降低尾矿的含矿量。另一方面，可以对废弃物进行综合利用，将其转化为有价值的资源。例如，尾矿中的某些元素可以作为其他工业的原料，对其进行再加工处理，可以提取出有价值的金属元素。

此外，加强废弃物管理可以确保废弃物的安全处置。建立健全的废弃物管理制度，对废弃物进行分类、收集、运输和处置，防止废弃物对环境造成污染。同时，加大对废弃物处理技术的研发投入，推动废弃物处理技术的创新和应用，提高废弃物处理的效率和效果。

3. 加强资源回收再利用

加强资源回收再利用是循环经济理念用于金属矿产资源开发利用的重要环节。许多金属（如铜、铝等）具有良好的可回收性，通过回收利用可以减少对原生矿产资源的依赖。

在金属产品的使用过程中，由于磨损、腐蚀等原因，部分金属会逐渐失去使用价值。然而，这些废旧的金属产品仍然蕴含着大量的有价值金属元素。通过回收废旧金属产品并进行再加工处理，我们可以提取出这些有价值的金属元素，实现资源的再利用。

为了加强资源回收再利用，需要建立健全的回收体系。政府可以制定相关政策，鼓励企业和个人参与废旧金属的回收活动；同时，加大对废旧金属回收技术的研发投入，推动回收技术的创新和应用；此外，还可以通过宣传教育等方式，提高公众对废旧金属回收的认识和参与度。

在实践中，许多国家和地区已经建立了完善的废旧金属回收体系。例如，一些发达国家通过设立废旧金属回收站、开展废旧金属回收活动等方式，有效推动了废旧金属的回收和再利用。

循环经济理念在金属矿产资源开发利用中的实践，不仅有助于缓解资源短缺问题，还能有效减轻环境压力，推动金属矿产资源的可持续利用。然而，循环经济理念的实践仍然面临着诸多挑战。例如，技术瓶颈、资金投入不足、政策法规不完善等问题都可能制约循环经济理念在金属矿产资源开发利用中的推广和应用。因此，政府、企业和社会各界需要共同努力，推动循环经济理念在金属矿产资源开发利用中的深入实践。

（二）科技创新与政策支持

科技创新和政策支持是实现金属矿产资源可持续利用的重要保障。研发新的开采技术、选矿技术、冶炼技术和加工技术，可以提高金属矿产资源的开采效率和利用价值。同时，政府还可以通过制定相关政策和法规，引导和规范金属矿产资源的开发利用行为，促进金属矿产资源的可持续利用。

1. 科技创新推动金属矿产资源可持续利用

科技创新是实现金属矿产资源可持续利用的关键。随着科技的进步，新的开采技术、选矿技术、冶炼技术和加工技术不断涌现，为金属矿产资源的开发利用提供了有力支撑。

在开采技术方面，现代化的采矿设备和技术提高了开采效率和安全性。例如，采用遥控采矿设备可以在危险或难以到达的矿区进行开采，降低了人员风险。同时，智能化的开采系统可以实时监测矿区情况，优化开采方案，提高资源利用率。

在选矿技术方面，新的选矿技术和设备提高了矿石的回收率和品位。研发高效的选矿药剂和选矿设备，可以实现对矿石中有用成分的有效提取。此外，新型的选矿技术还可以减少对环境的影响，降低废弃物的产生量。

在冶炼和加工技术方面，科技创新推动了冶炼和加工过程的优化和升级。研发高效的冶炼技术和加工设备，可以提高金属的产率和质量，降低能源消耗和减少废弃物排放。同时，新型的加工技术还可以实现对金属产品的精细化加工，提高产品的附加值和市场竞争力。

科技创新不仅提高了金属矿产资源的开采效率和利用价值，还为金属矿产资源的可持续利用提供了新思路和新方法。例如，研发新型的金属替代材料或开发金属资源的替代来源，可以减少对传统金属矿产资源的依赖。此外，科技创新还可以推动金属矿产资源的循环利用和废弃物资源化利用，实现资源的最大化利用和环境的最小化影响。

2. 政策支持引导金属矿产资源可持续利用

政府在金属矿产资源可持续利用中发挥着重要作用。通过制定相关政策和法规，政府可以引导和规范金属矿产资源的开发利用行为，促进金属矿产资源的可持续利用。

一方面，政府可以制定鼓励金属矿产资源可持续利用的政策。例如，对采用先进开采技术和选矿技术的企业给予税收优惠或资金补贴，激励企业加大科技创新投入。同时，政府还可以设立专项基金，支持金属矿产资源可持续利用相关技术的研发和应用。

另一方面，政府可以制定规范金属矿产资源开发利用行为的法规。例如，加大对矿区环境保护的监管力度，确保开采活动不对环境造成破坏。同时，建立健全金属矿产资源管理制度，对资源的开采、冶炼和加工过程进行全程监管，确保资源的合理利用。

此外，政府还可以通过国际交流与合作，推动金属矿产资源可持续利用的全球合作。例如，与其他国家和地区分享经验和技术成果，共同应对金属矿产资源短缺和环境压力等挑战；同时，积极参与国际金属矿产资源市场的竞争和合作，扩大并提高我国在全球金属矿产资源领域的影响力和话语权。

在实践中，许多国家和地区已经通过科技创新和政策支持推动了金属矿产资源的可持续利用。例如，一些发达国家通过研发先进的开采技术和选矿技术，提高了资源的利用率和回收率。同时，这些国家还制定了严格的环保法规和资源管理制度，确保了资源的可持续利用和环境的保护。

然而，我国在金属矿产资源可持续利用方面仍然存在一些问题和挑战。例如，部分矿区仍然存在资源浪费和环境污染等问题，一些企业缺乏科技创新投入和动力，政策法规体系尚不完善等。为了解决这些问题，需要政府、企业和社会各界共同努力。

政府应加大对金属矿产资源可持续利用的支持力度，制定更加完善的政策和法规体系；同时，加大对企业的监管和引导力度，推动企业加大科技创新投入和环保投入。企业应积极响应政府的号召和要求，加强科技创新和环保管理，提高资源利用率和环保水平。社会各界应加大对金属矿产资源可持续利用的宣传和教育力度，提高公众对节约资源和保护环境的认识。

金属矿产资源具有多样的属性并占据着重要的战略地位。在开发利用过程中，需要充分考虑其自然属性、经济属性、社会属性以及可持续利用性等方面的因素。自然属性决定了金属矿产资源的分布、储量和品质等特征；经济属性决定了金属矿产资源的开发利用价值和市场竞争力；社会属性决定了金属矿产资源开发利用对社会的影响和贡献；可持续利用性决定了金属矿产资源能否实现长期、稳定、可持续的利用和发展。

为了实现金属矿产资源的科学合理利用和可持续发展，需要加强科技创新、完善政策法规、推动循环经济发展等多方面的措施。科技创新是提高资源利用率和环保水平的关键手段；政策法规是规范和引导资源开发利用行为的重要保障；循环经济是实现资源最大化利用和环境最小化影响的有效途径。

在具体实践中，我们需要结合金属矿产资源的实际情况和特点，制定针对性的措施和方案；同时，还需要加强国际交流与合作，学习借鉴国际先进经验和技术成果，推动我国金属矿产资源的可持续利用和发展。

总之，金属矿产资源的可持续利用是一个长期而艰巨的任务，需要政府、企业和社会各界共同努力，只有这样，才能实现金属矿产资源的科学合理利用和可持续发展，为经济社会的可持续发展做出更大贡献。

第二节　金属矿产资源的特征

金属矿产资源，作为大自然赋予人类的珍贵礼物，不仅是人类社会经济发展的重要支柱，更是现代科技进步与产业升级的基石。它们蕴含着丰富多样的物理、化学以及经济特性，这些独特的性质不仅决定了金属矿产资源在开采、加工、利用过程中的特殊要求，也深刻影响着全球经济的格局与可持续发展路径。以下将对金属矿产资源的特征进行详尽的阐述与分析。

一、种类丰富，分布广泛

金属矿产资源种类繁多，构成了一个庞大而复杂的资源体系。从广义上划分，它们涵盖了黑色金属、有色金属、贵金属、稀有金属等多个大类，每一类又包含了众多具体的矿种。黑色金属，如铁、锰、铬等，是钢铁工业的基础原料，对于国家的工业化进程起着至关重要的作用。有色金属，如铜、铝、锌、铅、锡等，则在电气、建筑、交通、机械等多个领域有着广泛的应用，是现代生活不可或缺的一部分。贵金属，如金、银、铂等，因其稀有性和独特的物理化学性质，不仅被用作货币储备和珠宝制作，还在电子、化工、医疗等领域发挥着重要作用。稀有金属，如钨、钼、稀土等，更是高科技产业的关键原料，对于提升国家的科技实力和国际竞争力具有重要意义。

这些金属矿产资源在全球范围内分布广泛，但分布极不均衡。地质构造、成矿条件、气候环境等多种因素共同作用，使得某些地区成为金属矿产资源的富集区，而另一些地区则相对贫乏。例如，中国作为世界上金属矿产资源种类较为丰富的国家之一，其总量虽大，但人均资源量相对不足。大宗矿产如铁、铜、锰、铝等，由于需求量巨大，国内产量难以满足需求，部分依赖进口。而稀有金属方面，中国则拥有得天独厚的优势，如钨矿保有储量占世界总量的很大比例，稀土金属储量更是居世界首位，内蒙古白云鄂博稀土矿床的储量就相当于国外稀土总量的数倍，为中国的稀土产业提供了坚实的资源基础。

此外，金属矿产资源的分布还呈现出明显的地域特色。如非洲地区拥有丰富的铜、钴、金刚石等矿产资源，南美洲则是铜、银、金等金属的重要产地，澳大利亚则以其丰富的铁矿、铝土矿、金矿等资源闻名于世。这种地域性的分布差异，不仅影响了全球金属矿产资源的供应格局，也促进了国际贸易与合作的发展。

二、储量分布不均，贫富矿并存

金属矿产资源的储量分布极不均衡，这是其最为显著的特征之一。不同地区、不同国家的金属矿产资源储量差异巨大，有的地区资源富集，成为全球金属矿产的主要供应地；而有的地区则资源匮乏，需依赖进口满足国内需求。这种不均衡的分布格局，不仅加剧了全球资源竞争的激烈程度，也对各国的资源战略和外交政策产生了深远影响。

贫富矿并存是金属矿产资源储量分布的另一个重要特征。富矿品位高，开采成本低，经济效益好，是矿业企业争相开采的对象。而贫矿品位低，开采难度大，成本高昂，往往被忽视或弃之不用。然而，在实际情况中，贫矿往往占据主导地位，其储量远大于富矿。例如，中国的铁矿石资源中，贫矿占绝大多数，品位普遍较低，这不仅增加了开采和选矿的难度，也提高了生产成本，影响了钢铁工业的竞争力。

贫富矿并存的现象对金属矿产资源的开发利用提出了更高的要求。一方面，需要采用先进的采矿技术和设备，以提高贫矿的开采效率和选矿回收率；另一方面，需要加强资源综合利用和循环经济的研究与实践，将贫矿中的有价值成分充分提取和利用起来，减少资源浪费和环境污染。

三、成矿条件复杂，共伴生矿多

金属矿产资源的形成是一个复杂而漫长的地质过程，受地壳运动、岩浆活动、热液作用等多种地质因素的影响。这些地质过程相互作用、相互叠加，形成了丰富多样的金属矿产资源。然而，成矿条件的复杂性也使得金属矿产资源中共伴生矿多的现象十分普遍。

共伴生矿是指在同一矿床中，除主要金属矿产外，还含有其他金属或非金属矿产。这些共伴生矿的存在，不仅提高了矿产资源的综合利用价值，也对开采和利用技术提出了更高的要求。例如，在铅锌矿中，常常伴生有银、镉、锗等有价值金属。如果开采和冶炼技术不过关，就可能造成这些有价值金属的浪费和环境污染。因此，在开发利用共伴生矿时，需要采用先进的采矿、选矿和冶炼技术，实现资源的综合回收和高效利用。

此外，成矿条件的复杂性还导致了金属矿产资源分布的不确定性和隐蔽性。许多金属矿床隐藏在地下深处或覆盖在厚厚的岩层之下，难以被直接发现和开采。这就需要加强地质勘探工作，运用先进的地质勘探技术和方法，提高找矿的准确率和成功率。

四、物理化学性质多样，加工利用难度大

金属矿产资源具有多样的物理化学性质，这些性质决定了它们在加工利用过程中的特殊要求。例如，金的化学性质稳定，具有很强的抗腐蚀性，不溶于一般的酸和碱，但可溶于某些混酸（如王水）。这种性质使得金的提取和加工需要采用特殊的技术和方法，如氰化浸出、电解精炼等。而铝土矿则是一种复合型矿石，其中含有氧化铝、二氧化硅、氧化铁等多种成分，需要经过复杂的工艺流程和先进的技术设备才能提取出氧化铝产品。

金属矿产资源的加工利用难度大，不仅体现在技术层面，还体现在经济层面。

许多金属矿产资源的加工过程需要消耗大量的能源和水资源，并产生大量的废渣、废气和废水等污染物。这就需要加强环境保护和资源节约的研究与实践，采用清洁生产和循环经济的模式，实现金属矿产资源的绿色开采和可持续利用。

同时，金属矿产资源的加工利用还受到市场需求和价格波动的影响。许多金属矿产资源的价格受全球经济形势、政治局势、供需关系等多种因素的影响而波动较大。这就需要矿业企业加强市场分析能力并提高风险预测能力，合理安排生产计划和销售策略，提高市场竞争力和抗风险能力。

五、耗竭性、稀缺性与不可再生性

金属矿产资源是耗竭性资源，这意味着一旦被开采利用，其储量就会逐渐减少直至枯竭。这种耗竭性特征使得金属矿产资源的可持续利用成了一个亟待解决的问题。为了延长金属矿产资源的利用寿命和提高资源利用效率，需要加强资源节约和综合利用的研究与实践，推动金属矿产资源的循环利用和替代技术的发展。

同时，金属矿产资源的稀缺性也是显而易见的。相对于人们对金属矿产资源无限的需求来说，可供利用的金属矿产资源是有限的。这种稀缺性特征使得金属矿产资源成了各国争夺的对象，加剧了全球资源竞争。为了保障国家的资源安全和经济发展，需要加强金属矿产资源的战略储备和海外开发合作，拓宽资源获取渠道并建立多元化的供应体系。

此外，金属矿产资源是在千万年以至上亿年的漫长地质年代中形成的富集物。相对于短暂的人类社会来说，它们是不可再生的，一旦耗尽就无法在短期内得到补充或再生。因此，需要珍惜和合理利用这些宝贵的资源，避免过度开采和浪费现象的发生。同时，也需要加强金属矿产资源的保护和管理工作，防止资源破坏和环境污染等问题的出现。

六、动态性与可探测性

金属矿产资源并不是静态不变的，而是受地质、技术和经济条件的制约而处于三维动态变化之中。随着地质工作的不断深入和科学技术的不断进步，人类对金属矿产资源开发利用的广度和深度会不断扩展。新的矿床会不断被发现和开发出来，而旧的矿床则可能因资源枯竭或开采条件恶化而被废弃或转为他用。

金属矿产资源的动态性特征要求我们在开发利用过程中要具有前瞻性和灵活性。一方面，需要加强地质勘探工作，不断寻找新的矿床和探明资源储量；另一方面，也需要根据市场需求和技术进步的情况及时调整开发利用策略和计划。

同时，还需要加大金属矿产资源的监测和管理力度，确保资源的合理开发和有效利用。

金属矿产资源也是可探测的。通过地质勘探、地球物理勘探、地球化学勘探等手段，人们可以发现新的金属矿产资源并为开发利用提供新的资源基础。地质勘探是寻找和发现金属矿产资源的重要手段之一，它通过对地表和地下的地质现象进行观察和测量来推断矿床的存在和位置。地球物理勘探则是利用物理原理和方法来探测地下矿体的物理性质（如密度、磁性、导电性等）和分布规律。地球化学勘探则是通过分析地表和地下的化学元素含量和分布特征来寻找和发现矿床的线索和迹象。

这些勘探手段各有优缺点和适用范围，需要根据具体的地质条件和勘探目标来选择合适的组合和应用方式。同时，也需要加大勘探技术的研发和创新力度，提高勘探的准确率和成功率。此外，还需要加大勘探成果的保护和管理力度，防止信息泄露和资源被恶意抢占等问题的发生。

七、经济价值与社会价值显著

金属矿产资源具有重要的经济价值和社会价值，它们是现代工业、农业、国防和科学技术发展的重要物质基础，对国民经济的发展和社会的进步具有不可替代的作用。金属矿产资源广泛应用于建筑、交通、机械、电子、航空航天等领域，为人们的生产生活提供了便利和支持。

在建筑领域，金属矿产资源（如钢铁、铝等）是建筑材料的重要组成部分，它们被用于制造房屋、桥梁、道路等基础设施，为城市化进程和现代化建设提供了坚实的物质基础。在交通领域，金属矿产资源（如铜、铝等）被用于制造汽车、火车、飞机等交通工具，推动了人类交通工具的更新换代。在机械领域，金属矿产资源（如铁、钢等）被用于制造各种机械设备和工具，推动了工业化和自动化进程的发展。在电子领域，金属矿产资源（如金、银、铜等）被用于制造电子元器件和电路板等部件，为信息技术和通信技术的发展提供了支撑。在航空航天领域，金属矿产资源（如钛、钨等）被用于制造飞机、火箭等航空航天器及其零部件，为人类的太空探索和航天事业的发展做出了贡献。

金属矿产资源的开发利用也带动了相关产业的发展和壮大。例如，在采矿过程中需要使用到各种采矿设备和机械，这就促进了采矿设备制造业的发展。

第三节　金属矿产资源的作用

金属矿产资源，作为自然界中蕴藏的、可供工业用途的金属元素或化合物的宝藏，自古以来就在人类社会的发展历程中扮演着举足轻重的角色。它们不仅是现代工业、农业、国防和科技发展的坚实物质基础，更是推动社会进步、保障国家安全、促进经济发展以及文化繁荣等多方面不可或缺的重要力量。

一、工业生产的基石

（一）冶炼单一金属或合金

金属矿产资源的主要用途之一，便是通过冶炼过程提取单一金属或合金。这些金属和合金，以其独特的物理和化学性质，成了工业生产中不可或缺的基础材料。例如，铁，作为地球上最丰富的金属，经过冶炼后得到的钢铁，被广泛应用于建筑、交通、机械、电子等多个领域。从高楼大厦的骨架到桥梁的支撑物，从汽车车身到火车铁轨，钢铁的身影无处不在。而铜，则因其良好的导电性和耐腐蚀性，被大量用于电线、电缆、管道等的制造。铝，作为一种轻质、高强度的金属，在航空、航天、汽车等追求轻量化的行业中发挥着重要作用。

此外，合金的冶炼和应用也极大地丰富了金属材料的种类和性能。通过调整不同金属元素的比例和加工工艺，我们可以获得具有特定性能的合金材料，如耐腐蚀、耐高温、高强度等，从而满足各种特殊工业需求。

（二）支持多行业发展

金属矿产资源的开发利用，不仅为冶金行业提供了原料，更支撑了军工、国防、航空航天、建筑、机械、电子、农业等多个行业的蓬勃发展。在军工和国防领域，金属矿产资源是制造武器、装备和军事设施的基础材料，如坦克、飞机、舰艇等的制造都需要大量的金属材料。在航空航天领域，高性能的合金材料是确保飞行器安全、可靠运行的关键。在建筑行业，金属材料（如钢铁、铝等）被用于构建坚固、耐用的建筑结构。在机械和电子行业，金属材料则是制造各种机械设备和电子产品的重要部件。而在农业领域，金属材料被用于制造农机具、灌溉设备等。

金属矿产资源的广泛应用，不仅推动了相关产业的进步和升级，还促进了产业间的协同发展和创新。随着科技的进步和工艺的改进，金属矿产资源的开发利用将更加高效、环保，为各行业的发展提供更有力的支撑。

二、国家实力的象征

（一）经济实力的体现

金属矿产资源的丰富程度和开发利用水平，是衡量一个国家经济实力的重要指标之一。一个国家如果拥有丰富的金属矿产资源，并且能够高效地开发利用这些资源，那么它将拥有强大的工业基础和制造能力，从而在国际竞争中占据有利地位。例如，一些拥有丰富矿产资源的国家，通过出口矿产资源或加工后的金属制品，获得了大量的外汇收入，促进了本国经济的发展。

同时，金属矿产资源的开发利用还带动了相关产业链的发展，如采矿、选矿、冶炼、加工、销售等，创造了大量的就业机会，提高了人民的生活水平。因此，金属矿产资源对于一个国家的经济发展具有举足轻重的意义。

（二）科技实力的体现

金属矿产资源的开发利用离不开科技的支撑。从勘探、选矿到采矿、冶炼、加工等各个环节，都需要先进的科技手段和设备来支持。随着科技的不断进步，金属矿产资源的开发利用水平也在不断提高。例如，现代勘探技术如遥感、地球物理勘探等，能够更准确地确定矿产资源的分布和储量；先进的采矿设备和技术，如大型露天采矿机、地下开采技术等，提高了采矿效率和安全性；而新型的冶炼和加工技术，则能够更高效地提取金属元素，并制造出具有更高性能的金属制品。

科技实力的提升，反过来又促进了金属矿产资源的开发利用。通过不断研发和创新，我们可以更好地利用现有的金属矿产资源。

三、社会进步的推动者

（一）促进产业升级

金属矿产资源的开发利用，推动了相关产业的转型和升级。随着科技的进步和市场需求的变化，一些传统产业逐渐衰退，而新兴产业则蓬勃发展。金属矿产资源作为工业生产的基础材料，其开发利用水平直接影响着相关产业的发展方向和速度。

例如，随着新能源汽车的兴起，锂、钴等金属矿产资源的需求量不断增加。这些金属是制造新能源汽车电池的关键材料，它们的供应和价格直接影响着新能源汽车产业的发展。因此，加大对锂、钴等金属矿产资源的勘探和开发力度，对于推动新能源汽车产业的快速发展具有重要意义。

此外，金属矿产资源的开发利用还促进了新材料、新能源等高新技术产业的发展。通过研发新型金属材料和合金，我们可以制造出更轻、更强、更耐腐蚀的金属制品，满足航空航天、国防等高端领域的需求。同时，金属矿产资源也是制造太阳能电池、风力发电机等新能源设备的重要材料，对于推动新能源产业的发展具有积极作用。

（二）提高生活质量

金属矿产资源的开发利用，不仅促进了工业生产和经济发展，还极大地提高了人们的生活质量。金属制品在我们的日常生活中无处不在，从手机、电脑等电子产品到汽车、火车等交通工具，从建筑、桥梁等基础设施到各种生活用品和装饰品，都离不开金属材料的支持。

金属材料的广泛应用，使得我们的生活更加便捷、舒适和美好。例如，手机的金属外壳不仅美观大方，还具有良好的散热性能和抗摔性能；汽车中的金属部件则确保了车辆的安全性和可靠性；建筑中的金属结构则使得建筑物更加坚固、耐用。因此，金属矿产资源的开发利用对于提高人们的生活质量具有重要意义。

四、国家安全的重要保障

（一）战略资源的储备

金属矿产资源中的一些稀有金属和贵金属，如稀土元素、铂族元素等，被视为战略资源。这些资源在国防、航空航天、电子、通信等领域具有不可替代的作用，它们的储备和供应对于国家的安全和稳定具有重要意义。

各国都高度重视战略资源的储备和管理工作，通过加强勘探、开发、利用和保护等方面的工作，确保战略资源可持续供应和国家安全不受威胁。同时，一些国家还通过建立战略资源储备库、制定相关法律法规和政策措施等手段，来加强对战略资源的管理和调控。

（二）国防工业的基础

金属矿产资源是国防工业的重要基础。国防工业作为一个国家维护国家安全和利益的重要支柱，其发展水平直接影响着国家的防御能力。而金属矿产资源作为国防工业的基础材料之一，其供应和质量直接影响着国防工业的发展水平和武器装备的性能。

坦克、飞机、舰艇等武器装备都需要大量的金属材料来制造。这些金属材料不仅要具有足够的强度和硬度，还要具有良好的耐腐蚀性、耐磨性和抗冲击性等性能。因此，加强对金属矿产资源的勘探、开发和利用工作，对于提高国防工业的发展水平和武器装备的性能具有重要意义。

金属矿产资源还是制造核武器、导弹等高端武器装备的重要材料。这些武器装备对于一个国家的战略地位和威慑能力具有举足轻重的作用。因此，确保金属矿产资源的供应和质量，对于维护国家的安全和利益具有重要意义。

五、环境保护与可持续发展

（一）绿色开采与加工

随着人们环保意识的提高和可持续发展理念深入人心，金属矿产资源的开采和加工过程也越来越注重环境保护。传统的开采和加工方式往往会对环境造成严重的污染和破坏，如水源污染、空气污染、土地破坏等。而绿色开采和加工方式则通过采用先进的开采技术和加工设备，减少了对环境的污染和破坏。

现代采矿技术如充填采矿法、崩落采矿法等，能够有效地减少对地表的破坏；而先进的选矿和冶炼技术则能够减少废水和废渣的排放，提高资源的利用率。同时，加强开采和加工过程中的废弃物处理和资源回收再利用工作，也能够进一步减少对环境的影响。

（二）循环经济与资源再利用

金属矿产资源的开发利用也促进了循环经济和资源再利用的发展。循环经济是一种以实现资源最大化利用和减少废弃物排放为目标的经济发展模式。在金属矿产资源领域，回收和利用废旧金属资源，可以减少对新金属矿产资源的需求，降低资源消耗。

例如，废旧汽车、电子产品中含有大量的金属材料，回收和再利用这些废旧金属资源，不仅可以节约原材料和能源，还可以减少废弃物排放和环境污染。同时，加强对废旧金属资源的分类回收和再利用工作，也能够提高资源的利用率和降低处理成本。

此外，推动金属矿产资源的循环利用还可以促进相关产业的发展和创新。例如，废旧金属回收和再利用产业是一个庞大的产业链，包括回收、拆解、分类、加工等多个环节。发展这个产业链，可以创造大量的就业机会，同时推动相关技术的创新和发展。

为了实现金属矿产资源的可持续利用和发展，我们还需要加强国际交流与合作。金属矿产资源是全球性的资源，各国之间需要加强合作和协调，共同应对资源短缺、环境污染等挑战。通过加强国际交流与合作，我们可以共享资源和技术成果，推动金属矿产资源的可持续利用和发展。

同时，我们还需要加强对金属矿产资源的保护和管理工作，通过制定相关法律法规和政策措施，加强对金属矿产资源的勘探、开发、利用和保护等方面的监管和管理，确保金属矿产资源的可持续利用和发展。

综上所述，金属矿产资源在人类社会的发展中扮演着举足轻重的角色。它们不仅是工业生产的基石，为各行业的发展提供了坚实的物质基础；还是国家实力的象征，体现了一个国家的经济实力和科技实力；更是社会进步的推动者，促进了产业升级和提高了人们的生活质量；同时，它们也是国家安全的重要保障，对于维护国家的安全和稳定具有重要意义；尤为需要注意的是，金属矿产资源的开发利用需要注重环境保护与可持续发展，推动其绿色开采、加工和循环利用。因此，我们应该高度重视金属矿产资源的开发利用和保护工作，加强国际交流与合作，推动其可持续利用和发展，为人类社会的繁荣和进步做出更大的贡献。

第四节　金属矿产资源与国家安全

金属矿产资源作为国家安全的重要组成部分，其重要性体现在多个方面。金属不仅是现代工业的血脉，更是国家经济、国防和战略安全的基石。以下是对金属矿产资源与国家安全关系的详细分析。

一、金属矿产资源是国家经济安全的重要支撑

（一）工业生产的物质基础

金属矿产资源是许多工业生产部门的原材料来源，如钢铁工业、机械工业、电子工业、化工工业等。钢铁工业作为国家的支柱产业之一，其生产离不开铁矿石、锰矿石等金属矿产资源的支持。机械工业同样如此，各种机械设备、零部件的制造都需要大量的金属材料。电子工业中，铜、铝、锡等金属是制造电路板、电子元器件不可或缺的材料。化工工业中，许多化学反应过程需要金属催化剂的参与。这些行业都是国民经济的重要支柱，它们的正常运转和持续发展直接依赖于金属矿产资源的稳定供应。一旦金属矿产资源供应出现问题，这些行业将受到

严重影响，进而波及整个国民经济体系，导致经济增长放缓、失业率上升等一系列经济问题。

此外，金属矿产资源还是新能源、新材料等新兴产业的重要原料。随着全球能源结构的转型和升级，新能源产业迅速崛起，对金属矿产资源的需求也日益增加。例如，风电设备的制造需要大量的铜、铝、钢铁等金属材料；太阳能电池板的制造则需要使用银、铜、铝等金属作为导电材料。这些新兴产业的发展不仅推动了经济结构的优化和升级，还为国家经济的持续增长提供了新的动力。因此，金属矿产资源的稳定供应对于新兴产业的发展同样具有重要意义。

（二）产业链的稳定与升级

金属矿产资源的开发利用不仅能够带动相关产业链的发展，还能形成产业集群效应，促进区域经济的繁荣。以钢铁产业为例，钢铁的生产需要采矿、冶炼、轧制等多个环节的紧密配合，形成了一个庞大的产业链。这个产业链上涉及的企业众多，包括矿山企业、冶炼企业、轧制企业等，它们相互依存、相互促进，共同推动了钢铁产业的发展。同时，钢铁产业的发展又带动了相关产业如机械制造、汽车制造等的发展，形成了产业集群效应。

随着科技的进步和经济全球化进程的加速，金属矿产资源的深加工和综合利用水平不断提高，推动了相关产业的升级和转型。例如，通过采用先进的冶炼技术和装备，我们可以提高金属的提取率和纯度，降低生产成本；通过深加工和精加工，我们可以生产出具有更高附加值和更好性能的金属材料；通过综合利用和循环经济，我们可以实现金属矿产资源的最大化利用和废弃物的最小化排放。这些技术的进步和创新不仅提高了金属矿产资源的利用效率，还推动了相关产业的转型和升级，增强了国家的经济竞争力。

二、金属矿产资源是国家国防安全的重要保障

金属矿产资源是制造武器装备的重要材料。钢铁、铜、铝等金属是制造坦克、大炮、飞机等常规武器装备的基础材料。这些金属材料具有良好的机械性能和加工性能，能够满足武器装备对强度、硬度、韧性等方面的要求。同时，随着科技的进步和战争形态的变化，人们对武器装备的性能要求也越来越高。稀土等战略金属矿产资源在制造高精度、高性能武器装备中发挥着关键作用。例如，稀土元素在制造导弹、卫星等高科技武器装备中发挥着不可替代的作用，它们能够提高武器装备的精度、灵敏度和稳定性，增强武器装备的作战能力。

此外，金属矿产资源还是制造核武器、化学武器等特殊武器装备的重要原料。虽然这些武器装备的使用受到国际法的严格限制，但它们的存在和威慑作用对于维护国家的安全和稳定具有重要意义。因此，保障金属矿产资源的供应对于维护国家的国防安全至关重要。

金属矿产资源的开发利用水平直接影响到国防工业的实力和国家的军事安全。国防工业是一个国家综合实力的重要体现，它涉及武器装备的研发、生产、维修等多个环节。这些环节都需要大量的金属材料作为支撑。如果一个国家无法保障国防所需的金属矿产资源供应，其国防工业将受到严重影响，导致武器装备的研发和生产受阻，维修和保障能力下降。这将严重影响国家的军事安全，使国家在面对外部威胁和挑战时处于不利地位。

同时，金属矿产资源的供应稳定性也影响到国家的战略储备和应急响应能力。在战争或突发事件发生时，国家需要迅速调动战略储备资源，保障武器装备的生产和维修需求。如果金属矿产资源的供应不稳定或受到外部干扰，将严重影响到国家的战略储备和应急响应能力，使国家在面对危机时难以迅速做出有效应对。

三、金属矿产资源是国家战略资源的重要组成部分

（一）战略资源储备与供应的安全

金属矿产资源中的一些稀有金属和贵金属被视为战略资源，它们的储备和供应对于国家的安全和稳定具有重要意义。这些战略资源不仅关系到国家的经济安全和国防安全，还影响到国家的科技发展和国际竞争力。因此，国家需要建立稳定的金属矿产资源供应渠道，确保在紧急情况下能够保障供应安全。

为了实现这一目标，国家可以采取多种措施。首先，加强国内金属矿产资源的勘查和开发工作，提高国内资源的自给率。采取加大勘查投入、引进先进技术装备、培养专业人才等措施，以提高国内金属矿产资源的勘查和开发水平。其次，加强与外国的交流与合作，建立多元化的金属矿产资源供应体系。通过与其他国家签订贸易协议、参与国际矿业合作等方式，我国可以拓宽金属矿产资源的进口渠道，降低对单一来源的依赖风险。最后，建立完善的战略储备制度，提高国家应对突发事件的能力。储备一定数量的金属矿产资源，确保在紧急情况下能够迅速调动资源，保障国家的安全和稳定。

（二）国际竞争力的提升

金属矿产资源的开发利用水平也是衡量一个国家国际竞争力的重要指标。一

个国家如果能够在金属矿产资源的勘探、开采、加工和利用方面占据领先地位，将极大地提升其国际竞争力和影响力。首先，领先的金属矿产资源开发利用技术能够降低生产成本，提高产品质量和附加值，增强国家的出口竞争力。技术创新和产业升级，有利于推动金属矿产资源产业向高端化、智能化、绿色化方向发展，提高产品的国际市场份额和竞争力。其次，领先的金属矿产资源产业能够带动相关产业的发展和创新，形成产业集群效应和协同创新机制。加强与机械制造、化工、新能源等产业的交流与合作，推动产业融合发展和创新升级，提高并扩大国家的整体产业竞争力和国际影响力。

同时，金属矿产资源的开发利用还涉及国际政治和经济格局的变化。随着全球经济的不断发展和资源需求的不断增长，金属矿产资源已经成为国际政治和经济竞争的重要焦点。一个国家如果能够在金属矿产资源的勘探、开采、加工和利用方面占据领先地位，将能够在国际政治和经济格局中占据有利地位，增强其在国际事务中的话语权和影响力。

四、金属矿产资源开发利用面临的挑战及其应对策略

（一）资源分布不均

金属矿产资源的分布极不均匀，一些国家拥有丰富的矿产资源，而另一些国家则相对匮乏。这种资源分布的不均衡性导致了国际上对金属矿产资源的争夺。为了获取金属矿产资源，一些国家可能会采取经济、政治甚至是军事手段。这种争夺不仅加剧了国际关系的紧张程度，还可能引发地区冲突和战争风险。

为了应对资源分布不均的挑战，国家可以采取多种策略。首先，加强国际合作与交流，推动金属矿产资源的全球配置和优化利用。其次，推动金属矿产资源的替代和循环利用，降低对特定金属矿产资源的依赖程度。研发新型材料、推广循环经济等可以减少对传统金属矿产资源的需求，规避资源供应风险。

（二）资源开发与环境保护的矛盾

金属矿产资源的开发利用往往伴随着对环境的污染和破坏。开采过程中产生的废渣、废水、废气等废弃物对环境造成了严重污染；同时，开采活动还可能导致地质灾害如地面塌陷、山体滑坡等的发生。如何在保障金属矿产资源供应的同时，实现资源的合理开发和环境保护，是当前面临的重要问题。

为了解决资源开发与环境保护的矛盾，国家需要制定科学合理的政策和战略。首先，加强环境监管和执法力度，确保金属矿产资源的开发利用活动符合环保法

规和标准。建立健全环境监管体系、加大执法检查和处罚力度，遏制违法违规开采行为。其次，推广绿色开采技术和装备，减少开采活动对环境的污染和破坏。引进和研发先进的绿色开采技术和装备，提高资源利用效率，减少废弃物的产生和排放。最后，加强生态修复和治理工作，恢复受损的生态环境。实施生态修复工程、加强环境治理和保护，改善矿区生态环境质量，实现资源开发与生态保护的协调发展。

（三）资源利用效率低

我国金属矿产资源虽然储量丰富，但人均占有量低，且存在贫矿多、富矿少、共生矿多等问题。这导致我国金属矿产资源的开发利用难度较大，开采成本高。同时，我国在金属矿产资源的采选冶技术和装备水平方面还有待提升，资源利用效率不高。

为了提高资源利用效率，国家需要持续进行科技创新和产业升级。首先，加大科技研发投入力度，推动金属矿产资源采选冶技术的创新和突破。引进和消化吸收国际先进技术、加强自主研发和创新，提高我国金属矿产资源采选冶技术的水平和竞争力。其次，加快产业转型升级工作，推动金属矿产资源产业向高端化、智能化、绿色化方向发展。优化产业结构、提高产业附加值，增强我国金属矿产资源产业的国际竞争力和可持续发展能力。最后，加强人才培养和引进工作，为金属矿产资源产业的发展提供有力的人才保障。加大人才培养投入力度、完善人才激励机制，吸引和留住更多优秀人才，为金属矿产资源产业的发展贡献力量。

综上所述，金属矿产资源与国家安全息息相关。为了保障国家安全，国家需要采取一系列措施加强金属矿产资源的勘查、开发、利用和保护工作。

第二章 金属矿产资源供需与安全形势

本章深入分析了金属矿产资源的供需与安全形势。全球金属矿产资源分布不均，部分矿种在某些地区富集。我国金属矿产资源品种齐全、储量丰富，但人均占有量较低。在供需形势方面，资源分布、技术进步、政治经济环境及环境保护要求对供应影响深远；全球经济增长、能源转型、电子信息技术发展推动需求增长。在安全形势上，新能源金属需求持续增长，全球金属矿产资源市场震荡不安，资源民族主义凸显，国际合作与供应链多元化成为应对之策。

第一节 金属矿产资源概况与分布

全球金属矿产资源是支撑现代工业发展的重要物质基础。金属矿产种类繁多，按其在自然界中的存在形式和性质，大致可分为黑色金属矿产、有色金属矿产、贵金属矿产、稀有金属矿产以及稀土金属矿产等。

一、全球金属矿产资源概况与分布

（一）全球金属矿产资源概况

全球金属矿产资源的分布极不均衡，部分矿种在某些地区或国家相对富集，形成了各具特色的金属矿产带或矿产区域。这种不均衡的分布格局是地质历史长期演化的结果，与地壳运动、岩浆活动、沉积作用等地质过程密切相关。地质构造复杂、地壳活动频繁的地区，由于经历了多次的地壳抬升、岩浆侵入和沉积作用，往往容易形成丰富的金属矿产资源。

金属矿产资源的形成是一个复杂而漫长的过程，涉及多种地质作用。例如，岩浆活动可以带来丰富的金属元素，这些元素在岩浆冷却结晶过程中，由于物理化学条件的改变，会逐渐富集形成矿床。沉积作用则可以通过搬运、分选和沉积，使金属元素在特定的沉积环境中富集，形成沉积型矿床。此外，变质作用也可以改变岩石的矿物组成和结构，使金属元素重新分布和富集，形成变质型矿床。

金属矿产资源在人类社会的发展中起着举足轻重的作用，是现代工业、农业、科技、国防等各个领域不可或缺的物质基础。

随着全球经济的快速发展和人口的不断增长，人们对金属矿产资源的需求不断增加。然而，金属矿产资源的分布不均衡性导致了资源供需矛盾日益突出。一些国家和地区拥有丰富的金属矿产资源，成为全球矿产资源的主要供应者；而另一些国家和地区则资源匮乏，需要依赖进口来满足国内需求。这种供需矛盾不仅影响了全球经济的稳定发展，也对地缘政治格局产生了深远影响。

因此，了解全球金属矿产资源的概况和分布特点，对于制定科学合理的资源开发和利用策略具有重要意义。这有助于各国根据自身资源禀赋和需求情况，合理规划资源开发战略。各国应加强国际交流与合作，共同应对全球金属矿产资源供需矛盾带来的挑战。

（二）全球金属矿产资源分布

1. 黑色金属矿产

（1）铁矿石资源

铁矿石是钢铁生产的主要原料，对于现代工业的发展具有至关重要的作用。全球铁矿石资源分布广泛，但主要集中在澳大利亚、巴西、俄罗斯、中国和印度等国家。这些国家拥有丰富的铁矿石储量，成为全球铁矿石市场的主要供应者。

澳大利亚是全球最大的铁矿石生产国和出口国，其铁矿石储量大、品位高、开采成本低，具有显著的竞争优势。巴西的铁矿石储量也相当丰富，主要分布在米纳斯吉拉斯州和巴拉那州等地。俄罗斯的铁矿石储量位居世界前列，主要分布在库尔斯克磁异常区等地。中国的铁矿石储量虽然丰富，但品位相对较低，且开采成本较高，因此每年仍需大量进口铁矿石以满足国内需求。印度也是全球重要的铁矿石生产国之一，其铁矿石储量主要集中在奥里萨邦和卡纳塔克邦等地。

除这些主要产铁国家外，其他国家（如加拿大、南非、乌克兰、伊朗等）也拥有一定的铁矿石储量，但在全球铁矿石市场中所占的份额相对较小。

（2）锰矿资源

锰矿是钢铁生产中的重要添加剂，可以提高钢的硬度、耐磨性和抗腐蚀性。

全球锰矿资源主要分布在南非、澳大利亚、中国和加蓬等国。

南非是全球最大的锰矿生产国和出口国，其锰矿储量丰富、品位高、开采成本低。澳大利亚的锰矿储量也相当可观，主要分布在西澳大利亚州等地。中国的锰矿储量虽然丰富，但品位相对较低，且多为难选矿，因此每年仍需大量进口锰矿以满足国内需求。加蓬是非洲重要的锰矿生产国之一，其锰矿储量主要集中在莫安达矿区等地。

此外，其他国家（如巴西、印度、乌克兰、加纳等）也拥有一定的锰矿储量，但在全球锰矿市场中所占的份额相对较小。

（3）铬矿资源

铬矿是生产不锈钢、合金钢和特种钢的重要原料。全球铬矿资源相对稀缺，主要分布在南非、俄罗斯、哈萨克斯坦和土耳其等国家。

南非是全球最大的铬矿生产国和出口国，其铬矿储量丰富、品位高。俄罗斯的铬矿储量也相当可观，主要分布在西伯利亚地区等地。哈萨克斯坦的铬矿储量位居世界前列，主要集中在图尔克斯坦州等地。土耳其的铬矿储量虽然相对较少，但其在全球铬矿市场中也占有一定的份额。

由于铬矿资源的稀缺性，全球铬矿市场的供需矛盾较为突出。一些铬矿资源丰富的国家通过限制出口、提高关税等措施来保护本国利益，这进一步加剧了全球铬矿市场的紧张局势。

2. 有色金属矿产

（1）铜资源

铜是一种重要的有色金属，广泛应用于电力、电子、建筑、交通等领域。全球铜资源的分布相对均衡，但主要集中在智利、秘鲁、澳大利亚、中国和俄罗斯等国家。

智利是全球最大的铜生产国和出口国，其铜矿储量丰富、品位高、开采成本低。秘鲁的铜矿储量也相当可观，主要分布在安第斯山脉等地。澳大利亚的铜矿储量位居世界前列，主要集中在昆士兰州等地。中国的铜矿储量虽然相对丰富，但品位较低，且多为难选矿，因此每年仍需大量进口铜精矿以满足国内需求。俄罗斯的铜矿储量也相当丰富，主要集中在西伯利亚地区等地。

此外，其他国家（如美国、赞比亚等）也拥有一定的铜矿储量，但其在全球铜矿市场中所占的份额相对较小。

（2）铝土矿资源

铝土矿是生产金属铝的主要原料，广泛应用于航空、汽车、建筑等领域。全球铝土矿资源主要分布在澳大利亚、几内亚、巴西和中国等国家。

澳大利亚是全球最大的铝土矿生产国和出口国，其铝土矿储量丰富、品位高。几内亚的铝土矿储量也相当可观，主要分布在博凯地区等地。巴西的铝土矿储量位居世界前列，主要集中在帕拉州和亚马孙州等地。中国的铝土矿储量虽然相对丰富，但品位较低，且多为难选矿，因此每年仍需大量进口铝土矿以满足国内需求。

此外，其他国家（如牙买加、印度、印度尼西亚等）也拥有一定的铝土矿储量，但其在全球铝土矿市场中所占的份额相对较小。

（3）铅锌矿资源

铅锌矿是生产铅、锌等有色金属的重要原料，广泛应用于电池、冶金、化工等领域。全球铅锌矿资源分布广泛，但主要集中在澳大利亚、中国、加拿大、美国和秘鲁等国家。

澳大利亚是全球最大的铅锌矿生产国和出口国之一，其铅锌矿储量丰富、品位高。中国的铅锌矿储量也相当可观，主要分布在云南、内蒙古、甘肃等地。加拿大的铅锌矿储量位居世界前列，主要集中在魁北克省和安大略省等地。美国和秘鲁的铅锌矿储量也相当丰富，在全球铅锌矿市场中占有一定的份额。

此外，其他国家（如墨西哥、哈萨克斯坦、玻利维亚等）也拥有一定的铅锌矿储量，但在全球铅锌矿市场中所占的份额相对较小。

（4）锡资源

锡是一种重要的有色金属，广泛应用于电子、化工、冶金等领域。全球锡资源主要分布在中国、印度尼西亚、马来西亚和玻利维亚等国家。

中国是全球最大的锡生产国和出口国之一，其锡矿储量丰富、品位高。印度尼西亚的锡矿储量也相当可观，主要分布在勿里洞岛等地。马来西亚的锡矿储量位居世界前列，但近年来由于过度开采和品位下降等原因，其锡矿产量逐渐下降。玻利维亚的锡矿储量也相当丰富，但由于基础设施落后和开采成本较高等原因，其锡矿产量相对较低。

此外，其他国家（如泰国、缅甸、巴西等）也拥有一定的锡矿储量，但在全球锡矿市场中所占的份额相对较小。

（5）镍和钴资源

镍和钴是两种重要的有色金属，广泛应用于不锈钢、合金钢、电池等领域。全球镍和钴资源主要分布在澳大利亚、俄罗斯、加拿大等国家。

澳大利亚是全球最大的镍生产国和出口国之一，其镍矿储量丰富、品位高。俄罗斯的镍矿储量也相当可观，主要分布在诺里尔斯克等地。加拿大的镍矿储量位居世界前列，主要集中在萨德伯里盆地等地。新喀里多尼亚的镍矿储量也相当丰富，是全球重要的镍生产国之一。

在钴资源方面，刚果（金）是全球最大的钴生产国和出口国之一，其钴矿储量丰富、品位高。澳大利亚、加拿大和俄罗斯等国家也拥有一定的钴矿储量，但在全球钴矿市场中所占的份额相对较小。

3. 贵金属矿产

（1）金矿资源

黄金是一种重要的贵金属，具有商品、货币等多种属性。全球金矿资源分布广泛，但主要集中在南非、澳大利亚、俄罗斯、美国和加拿大等国家。

南非是全球最大的黄金生产国和出口国之一，其金矿储量丰富、品位高。澳大利亚的黄金储量也相当可观，主要分布在西澳大利亚州等地。俄罗斯的黄金储量位居世界前列，主要集中在西伯利亚地区等地。美国和加拿大的黄金储量也相当丰富，在全球黄金市场中占有一定的份额。

此外，其他国家（如秘鲁、中国、印度尼西亚等）也拥有一定的黄金储量，但在全球黄金市场中所占的份额相对较小。值得一提的是，近年来随着勘探技术的不断进步和新兴市场的崛起，一些原本黄金储量较小的国家也逐渐成了全球黄金市场的重要参与者。

（2）银矿资源

银是一种重要的贵金属，广泛应用于电子、化工、冶金等领域。全球银矿资源主要分布在秘鲁、波兰、墨西哥、中国和澳大利亚等国家。

秘鲁是全球最大的银生产国和出口国之一，其银矿储量丰富、品位高。波兰的银矿储量也相当可观，主要分布在西里西亚地区等地。墨西哥的银矿储量位居世界前列，主要集中在瓜纳华托州等地。中国和澳大利亚的银矿储量也相当丰富，在全球银矿市场中占有一定的份额。

此外，其他国家（如美国、智利、玻利维亚等）也拥有一定的银矿储量，但在全球银矿市场中所占的份额相对较小。

4. 稀有金属矿产和稀土金属矿产

（1）锂资源

锂是一种重要的稀有金属，广泛应用于电池、冶金、化工等领域。全球锂资源主要集中在智利、阿根廷、澳大利亚和中国等国家。

智利是全球最大的锂生产国和出口国之一，其锂矿储量丰富、品位高。阿根廷的锂矿储量也相当可观，主要分布在西北部的盐湖区等地。澳大利亚的锂矿储量位居世界前列，主要集中在西澳大利亚州等地。中国的锂矿储量虽然相对丰富，精矿较少，因此每年仍需大量进口锂精矿以满足国内需求。

此外，其他国家（如玻利维亚、巴西、美国等）也拥有一定的锂矿储量，但在全球锂矿市场中所占的份额相对较小。值得一提的是，玻利维亚虽然锂矿储量较为丰富，但由于基础设施落后和开采成本较高等原因，其锂矿产量相对较低。

（2）钨资源

钨是一种重要的稀有金属，具有高密度、高熔点、高硬度等特性，广泛应用于航空航天、军工、电子等领域。全球钨资源主要分布在中国、俄罗斯和加拿大等国家。

中国是全球最大的钨生产国和出口国之一，其钨矿储量丰富、品位高。俄罗斯的钨矿储量也相当可观，主要分布在西伯利亚地区等地。加拿大的钨矿储量位居世界前列，但近年来由于过度开采和品位下降等，其钨矿产量逐渐下降。

此外，其他国家（如玻利维亚、葡萄牙、韩国等）也拥有一定的钨矿储量，但在全球钨矿市场中所占的份额相对较小。

（3）稀土资源

稀土是一组具有特殊物理化学性质的金属元素，被广泛应用于新能源、新材料、航空航天等领域。全球稀土资源主要集中在中国、美国、俄罗斯和澳大利亚等国家。

中国是全球最大的稀土生产国和出口国之一，其稀土矿储量丰富、品种齐全。美国的稀土矿储量也相对可观，但近年来由于开采成本较高等，其稀土矿产量逐渐下降。俄罗斯的稀土矿储量位居世界前列，但同样由于开采成本较高，其稀土矿产量相对较低。澳大利亚的稀土矿储量也较为丰富，且品位较高，近年来逐渐成为全球稀土市场的重要参与者。

此外，其他国家（如印度、越南、巴西等）也拥有一定的稀土矿储量，但在全球稀土市场中所占的份额相对较小。

综上所述，全球金属矿产资源的分布具有不均衡性和地域性等特点。不同矿种在不同地区或国家的富集程度存在显著差异，形成了各具特色的金属矿产带或矿产区域。这种不均衡的分布格局对全球金属矿产资源的供需关系产生了深远影响。

对于金属矿产资源丰富的国家和地区来说，合理利用和保护本国资源是其经济发展的重要支撑。各国通过加强勘探、开发和技术创新等手段，可以不断提高资源利用效率和市场竞争力。同时，加强国际交流与合作也是实现资源可持续利用的重要途径之一。

对于金属矿产资源匮乏的国家和地区来说，进口是满足国内需求的主要方式。然而，过度依赖进口也带来了一定的风险和挑战。因此，这些国家和地区需要通过加强资源外交和建设多元化供应渠道等措施来保障资源安全。

总之，了解全球金属矿产资源的分布特点对于制定科学合理的资源开发和利用策略具有重要意义。各国应根据自身资源禀赋和需求情况合理规划资源开发策略，同时，加强国际交流与合作，共同应对全球金属矿产资源供需矛盾带来的挑战。

二、我国金属矿产资源概况与分布

中国是世界上矿产资源种类较为齐全、矿产自给程度较高的国家之一。截至2023年年底，全国已发现173种矿产，其中金属矿产59种。中国金属矿产资源品种齐全、储量丰富、分布广泛，一部分矿种的储量名列世界前茅或首位，但人均占有量仍低于世界平均水平。

（一）黑色金属矿产

黑色金属矿产主要包括铁、锰、铬、钒、钛等，这些矿产在中国也有较大储量和广泛分布。

铁矿：中国是铁矿资源总量较丰富的国家之一，但矿石含铁品位较低。已探明储量的矿区有1800余处，总保有储量矿石超460亿吨，居世界第5位或更靠前。

锰矿：中国锰矿资源较多，分布广泛。有探明储量的矿区210余处，总保有储量矿石约5.7亿吨，居世界第3位。

铬矿、钒矿、钛矿：这些矿产在中国也有一定的储量和分布，但相对于铁矿和锰矿来说，其储量和产量较少。

（二）有色金属矿产

中国有色金属矿产资源丰富，种类繁多。按若干金属（包括钨、钼、锡、锑及稀土金属）的探明储量计，中国居全球前列，主要的有色金属矿产如下。

铜矿：中国是世界上铜矿资源较丰富的国家之一，总保有储量铜超6000万吨，居世界第 7 位或更靠前。铜矿分布广泛，除天津、香港外，包括上海、重庆、台湾在内的全国各省（区）皆有产出。

铅锌矿：中国铅锌矿资源较为丰富，全国除上海、天津、香港外，均有铅锌矿产出。铅锌矿资源有 700 余处，保有铅储量约 3600 万吨，锌储量超 9300 万吨，居世界第 4 位或更靠前。

铝土矿：中国铝土矿资源丰度属中等水平，产地约 320 处，分布于 20 个省（区）。总保有储量矿石约 23 亿吨，居世界第 7 位或更靠前。

镍矿：中国镍矿资源相对较少，但近年来探明储量有所增加。镍矿产地有近 100 处，分布于 18 个省（区）。总保有储量镍约 800 万吨，居世界第 9 位或更靠前。

钨矿：中国是世界上钨矿资源最丰富的国家，已探明的矿产地有 250 余处，分布于 23 个省（区）。总保有储量钨约 2550 万吨，居世界第 1 位。

锡矿：中国是世界上锡矿资源较丰富的国家之一。总保有储量锡约 410 万吨，居世界第 2 位。

钼矿：中国钼矿资源丰富，探明储量的矿区有 220 余处，分布于 28 个省（区）。总保有储量钼约 850 万吨，居世界第 2 位。

锑矿：中国是世界上锑矿资源最为丰富的国家，已探明储量的矿区有 110 余处，分布于全国 18 个省（区）。总保有储量锑约 280 万吨，居世界第 1 位。

此外，菱镁矿、钴矿等有色金属矿产在中国也有丰富的储量和广泛的分布。

（三）贵重金属矿产

贵重金属矿产主要包括金、银和铂族金属（铂、钯、铑、铱、钌、锇）等。这些矿产在中国也有丰富的储量和广泛的分布。

金矿：中国金矿资源比较丰富，总保有储量金约 4300 吨，居世界第 7 位或更靠前。金矿分布广泛，除上海市、香港特别行政区外，在全国各个省（区）都有金矿产出。

银矿：中国是银矿资源中等丰度的国家，总保有储量银约 11.7 万吨，居世界第 6 位或更靠前。

铂族金属：铂族金属在中国也有一定的储量和分布，但相对于金和银来说，其储量和产量可能较少。

（四）稀有金属矿产和稀土金属矿产

稀有金属矿产和稀土金属矿产在中国的储量十分丰富，并且分布广泛。这些宝贵的矿产资源主要包括锂、铍、铌、钽、锶等稀有金属以及稀土元素等。这些矿产不仅在高科技产业中扮演着至关重要的角色，而且在新能源产业等领域也具有广泛的应用前景和极其重要的战略意义。它们是现代工业和科技发展不可或缺的物质基础，对于推动国家科技进步和经济发展具有深远的影响。

总的来说，中国金属矿产资源丰富，种类繁多，分布广泛。这些矿产资源的开发和利用对于中国的经济发展和社会进步具有重要的意义。请注意，由于数据更新可能存在滞后性，以上数据仅供参考，具体数据应以最新官方发布为准。

第二节　金属矿产资源供需形势

全球金属矿产资源的供需形势复杂多变，受到多种因素的影响。这些因素包括但不限于地质条件、技术进步、政治经济环境以及环境保护要求等。本节将从供应情况、需求情况以及供需平衡与挑战三个方面，详细探讨全球金属矿产资源的供需形势。

一、供应情况

（一）资源分布的不均衡性

全球金属矿产资源的分布极不均衡，一些地区或国家因地质条件优越，拥有丰富的金属矿产资源。例如，澳大利亚以其丰富的铁矿资源而闻名于世，其铁矿石出口量在全球市场上占据较大份额。智利的铜矿资源同样丰富，是全球最大的铜生产国和出口国之一。南非则在黄金和铂金等贵金属资源方面占据显著优势。然而，与这些资源丰富的国家相比，许多国家和地区金属矿产资源相对匮乏，需要大量依赖进口。这种资源分布的不均衡性导致了全球金属矿产资源供应的复杂性和不确定性。

（二）技术进步对供应的影响

随着技术的进步，新的金属矿产资源不断被发现和开发，这在一定程度上提高了开采效率和回收率。例如，深海采矿技术的发展为获取海底的金属矿产资源提供了可能，这些资源在过去由于技术限制而无法被有效开采。通过应用先进的勘探技术和开采设备，矿业企业能够在更复杂的地质条件下进行作业，从而提高了资源的可采储量。此外，选矿和冶炼技术的进步也使得更多低品位矿石得以经济地开发利用，进一步增加了金属矿产资源的供应量。

然而，尽管技术进步带来了诸多机遇，但矿产资源的供应仍受到政治、经济和环境等多重因素的制约。政治不稳定可能导致矿业项目被迫中断或延期，政策调整可能改变矿业企业的运营成本和市场准入条件，经济形势变化则可能影响金属矿产资源的价格和需求。同时，环境保护要求的提高也要求矿业企业在开采过程中采取更加环保的措施，这在一定程度上增加了开采成本和时间成本。

（三）政治经济环境对供应的影响

政治经济环境对全球金属矿产资源的供应具有重要影响，政治不稳定是导致金属矿产资源供应中断或减少的主要原因之一。例如，在一些国家和地区，由于政治冲突、社会动荡或政策变化等原因，矿业项目可能被迫中断或延期。这不仅会影响矿产资源的正常供应，还会对矿业企业的投资信心和市场预期产生负面影响。

经济环境也是影响金属矿产资源供应的重要因素，全球经济形势的变化会直接影响金属矿产资源的价格和需求。当经济繁荣时，工业生产和基础设施建设等活动增加，对金属矿产资源的需求也会相应上升；而当经济衰退时，需求则会下降。此外，货币汇率、通货膨胀率等经济指标的变化也会影响矿业企业的运营成本和利润水平，从而影响金属矿产资源的供应量和供应稳定性。

（四）环境保护要求对供应的影响

随着人们环境保护意识的提高，各国政府和企业对矿业开采过程中的环境影响越来越重视。为了保护生态环境和减少污染物的排放，各国政府纷纷出台了一系列环保法规和标准，要求矿业企业在开采过程中采取更加环保的措施。这些措施包括但不限于减少废水排放、控制废气排放、实施生态修复等。然而，这些环保要求的提高也在一定程度上增加了矿业企业的开采成本和时间成本，从而对金属矿产资源的供应量和供应稳定性产生了影响。

二、需求情况

（一）全球经济增长对金属矿产资源需求的影响

全球经济的持续增长是推动金属矿产资源需求不断攀升的主要动力之一。随着全球经济的不断发展和工业化进程的加速，各国对钢铁、铜、铝等基础金属的需求持续旺盛。这些金属是工业生产和基础设施建设的重要原材料，其需求量的增长直接反映了全球经济的活跃程度。特别是在新兴经济体如中国、印度等国家和地区，由于经济快速增长和基础设施建设规模不断扩大，其对金属矿产资源的需求呈现出爆发式增长态势。

（二）能源转型对金属矿产资源需求的影响

伴随世界各国对清洁能源的追求，全球能源领域正经历着深刻的变革。在这一变革过程中，对锂、钴等用于新能源电池的金属矿产资源的需求急剧增加。新能源电池作为电动汽车、储能系统等领域的关键部件，其需求量随着新能源汽车产业的快速发展而不断增加。据国际能源署预测，到2030年，全球电动汽车的销量将达到数千万辆，这将带动对锂、钴等金属矿产资源的巨大需求。

（三）电子信息技术发展对金属矿产资源需求的影响

电子信息技术的飞速发展也推动了对锗、铟等稀有金属的需求。这些稀有金属在半导体、光纤通信、太阳能电池等领域具有广泛应用，是现代电子信息技术不可或缺的重要材料。随着电子信息技术的不断进步和应用领域的不断拓展，人们对稀有金属的需求量也在不断增加。特别是随着5G通信、物联网、人工智能等新兴技术的快速发展，人们对稀有金属的需求呈现出爆发式增长态势。

（四）需求结构的变化对供需形势的影响

不同金属矿产资源的需求增长速度存在差异，这种需求结构的变化对全球金属矿产资源的供需形势产生了深远影响。一些传统金属矿产如钢铁、铜等的需求增长逐渐放缓，这主要是全球经济增速放缓和产业结构调整等原因导致的。而与新兴产业相关的金属矿产（如锂、钴、锗、铟等）的需求则呈现出爆发式增长态势。这种需求结构的变化要求矿业企业不断调整生产结构和市场策略，以适应市场需求的变化。

三、供需平衡与挑战

（一）供应稳定性面临的挑战

尽管全球金属矿产资源的供应总体上能够满足需求，但供应的稳定性受到多种因素的挑战。地质禀赋是影响金属矿产资源供应稳定性的重要因素之一。一些金属矿产资源分布在地质条件复杂、开采难度大的地区，这增加了开采成本和风险。同时，一些重要的金属矿产资源经过长期的开采，储量逐渐减少，品位也在下降。寻找新的接替资源变得日益紧迫，这对矿业企业的勘探和开发能力提出了更高的要求。

政治经济环境也是影响金属矿产资源供应稳定性的重要因素。政治不稳定、政策调整、经济形势变化等都可能影响金属矿产资源的正常供应。例如，在一些国家和地区，由于政治冲突或社会动荡等原因，矿业项目可能被迫中断或延期；而政策调整则可能改变矿业企业的运营成本和市场准入条件。此外，国际贸易摩擦和地缘政治紧张局势也可能导致金属矿产资源供应的中断或减少。

技术进步和环境保护要求也对金属矿产资源的供应稳定性产生了影响。虽然技术进步提高了开采效率和回收率，但也带来了更高的环保要求和开采成本。为了满足环保要求，矿业企业需要在开采过程中采取更加环保的措施，这增加了开采成本和时间成本。同时，一些新技术和新工艺的应用也可能对金属矿产资源的供应稳定性产生影响。

（二）价格波动对全球经济的影响

金属矿产资源价格的波动是全球经济的重要晴雨表之一。金属矿产资源价格的上涨或下跌不仅会影响矿业企业的利润水平和市场预期，还会对全球经济产生广泛影响。例如，当金属矿产资源价格上涨时，矿业企业的利润水平会相应提高，从而吸引更多投资进入矿业领域；但同时也会增加下游企业的生产成本和消费者的负担，对全球经济产生负面影响。反之，当金属矿产资源价格下跌时，虽然会降低下游企业的生产成本和消费者的负担，但也会降低矿业企业的利润水平和投资意愿，对全球经济产生不利影响。

金属矿产资源价格的波动还受到供求关系、国际政治经济形势等多种因素的影响。例如，当全球经济增长放缓或需求减少时，金属矿产资源的价格往往会下跌；而当全球经济复苏或需求增加时，价格则会上涨。此外，国际贸易摩擦、地缘政治紧张局势等因素也可能导致金属矿产资源价格的剧烈波动。

（三）可持续发展面临的挑战

在金属矿产资源的开发过程中，如何在减少对环境的影响的同时实现可持续发展是各国面临的共同挑战。金属矿产资源的开采往往伴随着对生态环境的破坏和污染物排放量的增加。为了保护环境和减少污染物排放，各国政府和企业需要采取一系列措施来加大环保监管和治理力度。然而，这些措施的实施往往会增加矿业企业的开采成本和时间成本，从而对金属矿产资源的供应量和供应稳定性产生影响。

此外，金属矿产资源的开采还面临着资源枯竭和品位下降等问题。随着全球对金属矿产资源需求的不断增加和长期开采活动的持续进行，一些重要的金属矿产资源储量逐渐减少，品位也在下降。这要求矿业企业不断提高勘探和开发能力，寻找新的接替资源以保障金属矿产资源的长期稳定供应。同时，各国也需要加强国际交流与合作，共同应对全球金属矿产资源供需形势的变化及其带来的挑战。

第三节　金属矿产资源安全形势

在百年未有之大变局下，全球金属矿产资源安全形势面临着前所未有的挑战与机遇。金属矿产作为现代工业的基础，其供应的稳定性和安全性直接关系到各国经济的可持续发展和国家安全。随着战略性新兴产业和高科技产业的蓬勃发展，金属矿产在新能源、新材料、新技术领域的应用愈发重要和广泛，这一趋势进一步加剧了全球金属矿产资源安全形势的复杂性。

一、新能源金属需求持续增长

近年来，新能源产业快速发展，电动汽车和可再生能源产业对镍、钴、锂等新能源金属的需求持续增长，它们成为影响全球金属矿产资源安全的关键因素。这些金属主要用于电池制造，对电动汽车和可再生能源产业的发展至关重要。

（一）镍的需求增长

镍是一种重要的合金元素，具有良好的耐腐蚀性，广泛应用于不锈钢、合金钢、电镀等领域。在新能源领域，镍是三元锂电池的重要原材料之一。随着电动汽车市场的不断扩大，人们对三元锂电池的需求快速增长，进而推动了镍的需求增长。据国际能源署预测，到2030年，全球电动汽车销量将达到1.45亿辆，这将显著带动人们对镍的需求。

然而，镍资源的分布相对集中，主要集中在印度尼西亚、菲律宾、澳大利亚、俄罗斯和加拿大等国家。这种资源分布的不均衡性使得镍市场的供应容易受到地缘政治、贸易政策等因素的影响，增强了市场的不确定性。此外，镍矿的开采和加工技术门槛较高，这也限制了新产能的快速释放。

（二）钴的需求增长

钴是一种重要的战略金属，广泛应用于电池、超级合金、磁性材料等领域。

在新能源领域，钴是锂离子电池的重要原材料之一。随着电动汽车和便携式电子设备的普及，人们对锂离子电池的需求不断增加，进而推动了钴的需求增长。然而，钴资源的分布同样相对集中，主要分布在刚果（金）、澳大利亚、古巴、赞比亚等国家。其中，刚果（金）是全球最大的钴生产国，其钴产量占全球总产量的约 2/3。

钴市场的供应不仅受到资源分布的影响，还受到政治稳定性、环保要求等因素的影响。例如，刚果（金）的钴矿开采经常面临政治动荡、环保违规等问题，这些问题可能导致钴供应的中断或价格波动。此外，钴的开采和加工过程还面临较高的环境风险和社会风险，这也增强了钴市场的复杂性。

（三）锂的需求增长

锂是一种轻金属元素，具有极高的电化学活性，是锂离子电池的关键原材料。随着电动汽车和储能系统的快速发展，人们对锂离子电池的需求不断增加，进而推动了锂的需求增长。据预测，到 2030 年，全球锂离子电池市场规模将达到数千亿美元，这将显著增加对锂的需求。

锂资源的分布相对广泛，但主要集中在智利、澳大利亚、阿根廷、中国等国家。其中，智利是全球主要的锂生产国，其锂产量占全球总产量的约一半。然而，锂资源的开采和加工技术门槛较高，且受到环境保护、水资源限制等因素的制约。此外，锂市场的供应还受到地缘政治、贸易政策等因素的影响，增强了市场的不确定性。

二、全球矿产资源市场震荡不安

尽管全球矿产资源总量丰富且供应充裕，但市场面临诸多挑战。一些国家为提高矿业收益而出台的逆全球化矿业政策，以及金融资本的影响，使得全球矿产资源市场震荡不安。

（一）逆全球化矿业政策的影响

近年来，一些国家为保护本国矿业利益和提高矿业收益，出台了逆全球化矿业政策。这些政策通常包括提高关税、限制外资进入、加强资源出口管制等措施。这些政策的出台不仅影响了全球矿产资源的自由流动和合理配置，还加剧了全球矿产资源市场的震荡。

例如，澳大利亚作为全球重要的矿产资源出口国，近年来加强了对矿产资源的出口管制。澳大利亚政府通过提高关税、限制外资进入等措施，试图保护本国矿业利益和提高矿业收益。然而，这些政策的出台也引发了国际社会的广泛关注和讨论。一些国家认为，澳大利亚的逆全球化矿业政策违反了国际贸易规则和市场经济原则，不利于全球矿产资源的自由流动和合理配置。

（二）金融资本的影响

金融资本在全球矿产资源市场中发挥着重要作用。然而，金融资本的投机性和波动性也给全球矿产资源市场带来了不确定性。金融资本通常通过期货市场、股票市场等渠道参与矿产资源市场的交易和投资。当市场预期向好时，金融资本会大量涌入矿产资源市场，推动矿产品价格上涨；当市场预期向差时，金融资本会迅速撤离矿产资源市场，导致矿产品价格下跌。

此外，金融资本还通过并购、重组等方式参与矿产资源企业的投资和运营。一些大型金融机构和矿业企业通过并购、重组等方式扩大市场份额和提高竞争力。然而，这些并购、重组活动也可能引发市场垄断和价格操纵等问题，进一步加剧全球矿产资源市场的不确定性。

三、资源民族主义突显

随着全球矿产资源市场的重要性日益凸显，各国对关键矿产的重视程度不断提高。

为了增强产业链韧性和保障国家安全，各国纷纷通过制定战略来推动本国矿产资源产业的发展。这些战略通常包括加强勘查开发、提高资源利用效率、推动技术创新等措施。同时，各国还通过增加财政补贴、提供税收优惠等方式来支持本国矿产资源产业的发展。

例如，美国作为全球较大的经济体之一，高度重视矿产资源产业的发展。美国政府通过制定《关键矿产战略》等措施来推动本国矿产资源产业的发展。同时，美国政府还通过增加财政补贴、提供税收优惠等方式来支持本国矿产资源企业的投资和运营。这些措施的实施不仅提高了美国矿产资源产业的竞争力，还提升了美国在全球矿产资源市场中的地位。

随着全球矿产资源竞争的不断加剧，资源民族主义逐渐突显。一些国家为了保护本国矿业利益和提高矿业收益，采取了限制外资进入、加强资源出口管制等措施。这些措施的实施不仅影响了全球矿产资源的自由流动和合理配置，还加剧了全球矿产资源市场的震荡和不确定性。

例如，印度尼西亚作为全球重要的镍生产国之一，近年来加强了对镍资源的出口管制。印度尼西亚政府通过限制镍矿出口、提高关税等措施来保护本国矿业利益和提高矿业收益。然而，这些措施的出台也引发了国际社会的广泛关注和讨论。一些国家认为，印度尼西亚的资源民族主义政策违反了国际贸易规则和市场经济原则，不利于全球矿产资源的自由流动和合理配置。

四、国际合作与供应链多元化

在全球金属矿产资源安全形势日益严峻的背景下，各国需要加强国际合作，共同应对金属矿产资源安全挑战。通过加强勘查开发、技术创新和回收利用等手段，各国可以提高国内金属矿产资源的保障能力；同时，积极与资源大国开展多边或双边合作，推动供应链多元化和能源独立，降低对单一来源的依赖程度。

（一）加强勘查开发与技术创新

加强勘查开发和技术创新是提高国内金属矿产资源保障能力的重要手段。各国应加大对金属矿产资源勘查开发的投入力度，提高勘查开发效率和质量；同时，加强技术创新并加大研发力度，推动新技术、新工艺、新设备在金属矿产资源勘查开发中的应用和推广。

例如，中国作为全球最大的金属矿产资源消费国之一，高度重视金属矿产资源的勘查开发及其技术创新。中国政府通过制定一系列政策措施来推动金属矿产资源的勘查开发及其技术创新。同时，中国还积极与国际矿业企业和科研机构开展合作与交流活动，引进和消化吸收国际先进技术和管理经验。这些措施的实施不仅提高了中国金属矿产资源的保障能力，还推动了中国金属矿业企业的国际化进程。

（二）推动供应链多元化与能源独立

推动供应链多元化和能源独立是降低对单一来源的依赖程度的重要途径。各国应积极与资源大国开展多边或双边合作，建立稳定的金属矿产资源供应关系；同时，加大国内能源资源的开发和利用力度，提高能源自给率和独立性。

例如，日本作为全球重要的金属矿产资源消费国之一，高度重视金属矿产资源供应链的多元化和能源独立。日本政府通过制定一系列政策措施来推动金属矿产资源供应链的多元化和能源独立。同时，日本还积极与国际矿业企业和能源企业开展合作与交流活动，建立稳定的金属矿产资源供应关系和能源供应渠道。这些措施的实施不仅降低了日本对单一来源的依赖程度，还提高了日本在全球金属矿产资源市场中的地位和影响力。

五、全球矿业项目总投资与矿业企业风险

全球矿业项目总投资持续增长，矿业企业面临复杂环境。ESG（环境、社会和治理）风险和融资困难是主要风险。因此，矿业企业在海外投资时，应加强与资源国政府的沟通、构建双边合作机制并建立风险防范机制以实现可持续发展。

（一）全球矿业项目总投资持续增长

随着全球经济的持续发展和对矿产资源需求的不断增加，全球矿业项目总投资持续增长。相关数据显示，近年来全球矿业项目总投资额呈现出逐年增长的趋势。这一趋势反映了全球矿业市场的繁荣和发展潜力。

然而，全球矿业项目总投资的增长也带来了诸多挑战和风险。一方面，矿业项目的投资规模较大、周期较长、风险较高；另一方面，矿业项目的投资环境复杂多变、政策法规频繁调整、市场竞争激烈等因素也给矿业企业带来了较大的风险。

（二）矿业企业面临的主要风险

矿业企业在海外投资过程中面临着诸多风险和挑战。其中，ESG风险和融资困难是主要风险。

1. ESG风险

ESG风险是指企业在环境、社会和治理方面面临的风险和挑战。随着全球社会对可持续发展和环境保护的关注度不断提高，ESG风险已经成为矿业企业在海外投资过程中必须面对的重要问题之一。

在环境方面，矿业企业需要关注矿山开采对生态环境的影响和破坏程度。矿山开采过程中可能会产生大量的废水、废气和固体废弃物等污染物，对周边环境造成严重破坏。因此，矿业企业需要采取有效的环保措施和技术手段来减少污染物的排放和降低生态破坏程度。

在社会方面，矿业企业需要关注当地社区的利益和诉求。矿山开采过程中可能会涉及土地征用、房屋拆迁、就业安置等问题，这些问题可能会引发当地社区的不满和抗议活动。因此，矿业企业需要积极与当地社区沟通和协商，寻求共赢的解决方案和合作机会。

在治理方面，矿业企业需要关注公司治理结构和内部管理机制等方面的问题。

良好的公司治理结构和内部管理机制是企业稳健运营和可持续发展的重要保障之一。因此，矿业企业需要加强公司治理结构和内部管理机制的建设和完善工作，提高企业的管理水平和运营效率。

2. 融资困难

融资困难是矿业企业在海外投资过程中面临的另一个重要问题。由于矿业项目的投资规模较大、周期较长、风险较高等因素的限制和影响，矿业企业在融资过程中可能会遇到诸多困难和挑战。

一方面，由于矿业项目的投资规模较大且周期较长，矿业企业需要寻求长期稳定的资金来源；另一方面，由于矿业项目的风险较高且不确定性较大，矿业企业在融资过程中可能会面临较高的融资成本等问题。

（三）加强与资源国政府的沟通与构建双边合作机制

为了降低海外投资风险和提高投资成功率，矿业企业应加强与资源国政府的沟通，并积极构建双边合作机制。

1. 加强与资源国政府的沟通

加强与资源国政府的沟通是降低海外投资风险和提高投资成功率的重要途径之一。通过与资源国政府沟通，矿业企业可以更好地了解当地的政策法规、市场环境和社会文化等方面的情况；同时，还可以就投资合作事宜与资源国政府进行深入的磋商和谈判工作，争取更多的政策支持和优惠待遇。

2. 构建双边合作机制

构建双边合作机制是降低海外投资风险和提高投资成功率的另一个重要途径。通过与资源国政府构建双边合作机制，矿业企业可以建立稳定的合作关系和合作框架；同时，还可以就投资合作事宜与资源国政府进行长期的规划和布局工作，实现互利共赢的合作目标。

（四）建立完善的风险防范机制与实现可持续发展

为了降低海外投资风险和提高投资成功率，矿业企业还应建立完善的风险防范机制，实现可持续发展。

1. 建立完善的风险防范机制

建立完善的风险防范机制是降低海外投资风险和提高投资成功率的重要保障之一。矿业企业应通过加强风险评估和预警工作、制定科学合理的风险管理策略和应急预案等措施来建立完善的风险防范机制；同时，还应加大对投资项目的监控和管理力度，及时发现和解决潜在的风险和问题。

2. 实现可持续发展

实现可持续发展是矿业企业在海外投资过程中必须追求的重要目标之一。矿业企业应通过采取环保措施和技术手段来减少污染物的排放；同时，还应积极履行社会责任和义务，关注当地社区的利益和诉求；此外，还应加强公司治理结构和内部管理机制的建设和完善工作，提高企业的管理水平和运营效率，以实现可持续发展目标。

六、案例分析：特定国家保障金属矿产资源安全的策略

为了更深入地了解全球金属矿产资源安全形势及其应对策略，以下将以几个特定国家为例进行案例分析。

（一）美国：完善关键矿产供应链

美国作为全球较大的经济体之一，高度重视金属矿产资源的供应链安全。为了强化关键矿产供应链的安全性和稳定性，美国政府采取了一系列措施。

1. 制定《关键矿产战略》

美国政府通过制定《关键矿产战略》等措施来明确关键矿产的重要性和优先级；同时，还明确了关键矿产的供应链风险评估标准和应对措施等方面的工作内容。这些措施的实施为美国金属矿产资源的安全供应提供了有力保障。

2. 加强勘查开发与技术创新

为了提高国内金属矿产资源的保障能力，美国政府加大了对金属矿产资源勘查开发的投入力度；同时，还积极推动技术创新和研发工作，提高金属矿产资源勘查开发效率和质量等方面的工作水平。这些措施的实施不仅提高了美国金属矿产资源的保障能力，还推动了美国矿业企业的国际化进程。

3. 推动供应链多元化

为了降低对单一来源的依赖程度和提高供应链的安全性和稳定性，美国政府积极与资源大国开展多边或双边合作；同时，还加强了对替代资源和回收资源的开发和利用等方面的工作。这些措施的实施为美国金属矿产资源的多元化供应提供了有力支持。

（二）澳大利亚：逆全球化矿业政策与资源民族主义

澳大利亚作为全球重要的金属矿产资源出口国之一，近年来采取了一系列逆全球化矿业政策和资源民族主义措施来保护本国矿业利益和提高矿业收益。

1. 提高关税与限制外资进入

为了保护本国矿业利益和提高矿业收益，澳大利亚政府提高了对金属矿产资源出口的关税水平；同时，还加大了对外资进入金属矿产资源领域的监管力度。这些措施的实施虽然在一定程度上保护了本国矿业利益和提高了矿业收益水平，但也引发了国际社会的广泛关注和讨论，以及全球金属矿产资源市场的不确定性和震荡等问题。

2. 加强资源出口管制

为了进一步保护本国矿业利益和提高矿业收益，以及应对全球金属矿产资源市场的不确定性和震荡等问题，澳大利亚政府还加大了对金属矿产资源出口的管制力度。这些措施的实施虽然在一定程度上稳定了本国金属矿产资源市场的价格和保障了本国矿业企业的利益，但也对全球金属矿产资源市场要素的自由流动和合理配置产生了不利影响。

3. 推动技术创新与提高资源利用效率

为了提高国内金属矿产资源的保障能力和降低对单一来源的依赖程度，澳大利亚政府还积极推动技术创新和提高资源利用效率，这些措施的实施不仅提高了澳大利亚金属矿产资源的保障能力，还加快了澳大利亚矿业企业的国际化进程。

（三）中国：加强国际合作与推动绿色矿山建设

中国作为全球最大的金属矿产资源消费国之一，高度重视金属矿产资源的供应安全问题。为了加强国际合作和推动绿色矿山建设，中国政府采取了一系列措施。

1. 加强国际合作

为了加强国际合作和共同应对金属矿产资源供应不足的挑战，中国政府积极与资源大国开展多边或双边合作，建立了完善的金属矿产资源供应链；同时，还积极参与国际矿业组织和多边合作机制的建设和完善工作，以提高中国在全球金属矿产资源市场中的地位和影响力。

2. 推动绿色矿山建设

为了推动绿色矿山建设和实现可持续发展的目标，中国政府加强了矿山开采过程中的环境保护和生态修复等方面的工作；同时，还积极推动新技术、新工艺、新设备在矿山开采过程中的应用和推广，以提高中国矿业企业的环保水平和可持续发展能力。

第三章　金属矿产资源的供给与需求

本章聚焦金属矿产资源的供需状况，涉及稀有金属、有色金属、黑色金属及贵金属四大类。随着科技的发展和新兴产业的崛起，金属矿产资源供需形势日趋复杂。稀有金属在高科技领域不可或缺，我国稀有金属资源丰富，但分布不均、开采难度大。有色金属是工业基础材料，供给受供给侧结构性改革、环保政策及全球矿业投资的影响，需求随经济复苏和技术进步而增长。黑色金属作为工业基石，供给面临资源分布与环保要求的挑战，需求由经济增长与基础设施建设拉动。贵金属因稀缺性和广泛应用而价值高，供给源于矿产开采、回收再利用、官方储备，需求覆盖工业、投资及首饰领域。本章将深入分析四大类金属矿产资源的供需状况，揭示驱动因素与挑战，为资源开发策略提供支撑。

第一节　稀有金属的供给与需求

稀有金属是指在自然界中含量较少、分布稀散或难以从原料中提取的金属，具有独特的物理化学性质，被广泛应用于高新技术、航空航天、国防军工等领域。近年来，随着全球科技的进步和新兴产业的快速发展，稀有金属的需求持续增长。

一、供给情况

稀有金属的供给状况是影响全球产业发展的重要因素。

（一）资源储量与分布

我国稀有金属资源丰富，储量占全球比重的35%，具有显著的竞争优势。这一比例在全球范围内处于领先地位，为我国稀有金属产业的发展提供了坚实的物质基础。然而，稀有金属的分布并不均匀，多数稀有金属矿床规模较小、品位较低，且伴生矿多，这给开采和提取带来了很大的难度。

具体来说，我国稀有金属资源主要分布在江西、湖南、广东、内蒙古、四川、甘肃等地，如江西的钨、钽、铌资源，湖南的锑、钨资源，广东的稀土资源，内蒙古的稀土、铌资源，四川的锂资源，甘肃的稀土资源。这些地区的稀有金属资源不仅储量大，而且品种齐全，为我国稀有金属产业的发展提供了有力的支撑。

（二）开采与提取技术

尽管我国稀有金属资源丰富，但由于分布不均、开采难度大、伴生矿多等特点，其开采和提取面临一定挑战。近年来，我国在稀有金属开采和提取技术方面取得了显著进展，一些企业已经掌握了自主知识产权和核心技术，提高了产品的市场竞争力。

在开采技术方面，我国不断研发和引进先进的采矿设备和技术，提高了开采效率和安全性。例如，采用大型露天采矿设备、地下采矿机械化设备、智能化采矿技术等，大大提高了稀有金属的开采效率。同时，针对稀有金属矿床的复杂性和多样性，我国还研发了多种采矿方法，如充填采矿法、崩落采矿法、空场采矿法等，以适应不同矿床的开采需求。

在提取技术方面，我国也取得了重要突破。通过研发和应用先进的湿法冶金技术、火法冶金技术、电解冶金技术等，我国成功实现了稀有金属的高效提取和纯化。例如，在稀土金属提取方面，我国采用了离子交换法、溶剂萃取法、膜分离法等先进技术，大大提高了稀土金属的提取效率和纯度。同时，针对稀有金属伴生矿多的问题，我国还研发了多种综合利用技术，实现了稀有金属与伴生矿的分离和回收，提高了资源综合利用率。

然而，我国稀有金属产业在资源综合利用率、环保技术等方面仍有提升空间。部分企业在开采和提取稀有金属的过程中存在资源浪费、环境污染等问题，这不仅影响了企业的经济效益和社会形象，也对我国稀有金属产业的可持续发展造成了不利影响。因此，加强技术创新和研发，提高资源综合利用率和环保技术水平，是我国稀有金属产业未来发展的重要方向。

（三）产业链发展

我国稀有金属产业链上游主要集中在地质勘查、资源评估、矿山建设及开采等环节，中游为提取金属、净化、合金制备等工序，下游则涉及航天、原子能、国防、新能源等领域。这一产业链的形成和发展，为我国稀有金属产业的繁荣提供了有力保障。

在上游环节，我国加强了对稀有金属资源的地质勘查和资源评估工作，为矿山建设和开采提供了科学依据。同时，通过引进和研发先进的采矿设备和技术，我国提高了稀有金属的开采效率。此外，我国还加强了对矿山环境的保护和治理工作，实现了稀有金属资源的可持续开发。

在中游环节，我国不断提升稀有金属的提取和纯化技术水平，提高了产品的质量和市场竞争力。

在下游环节，我国稀有金属的应用领域不断拓展和深化。随着全球科技的进步和新兴产业的快速发展，稀有金属在高新技术、航空航天、国防军工等领域的应用越来越广泛。例如，锂、钴、镍等金属是电动汽车和储能电池的关键原材料，稀土金属在永磁材料、发光材料等领域具有不可替代的作用。我国作为世界上最大的稀有金属消费国之一，对稀有金属的需求尤为旺盛。为了满足国内市场的需求，我国稀有金属企业不断加强技术创新和研发，提高产品的质量和性能，推动产业转型和升级。

二、需求情况

随着全球科技的进步和新兴产业的快速发展，稀有金属的需求持续增长。特别是在新能源、新材料、航空航天等领域，稀有金属的应用越来越广泛，其需求状况成了影响全球产业发展的重要因素。

（一）新能源领域的需求

新能源领域是稀有金属需求增长的重要驱动力之一。随着全球能源结构的转型和升级，新能源产业得到了快速发展。例如，电动汽车、储能电池等新能源产品的广泛应用，带动了锂、钴、镍等稀有金属需求的快速增长。

在电动汽车领域，锂离子电池作为其核心部件，对锂、钴、镍等稀有金属的需求量巨大。随着电动汽车市场的不断扩大和技术的不断进步，锂离子电池的性能将不断得到优化和提升。这将进一步推动锂、钴、镍等稀有金属需求的增长。

在储能电池领域，随着可再生能源的大规模开发和利用，储能电池的需求也将不断增加。储能电池作为可再生能源的重要配套设备，对锂、钴、镍等稀有金属的需求量巨大。此外，随着储能技术的不断进步和成本的降低，储能电池的应用领域将不断拓展，这将进一步推动稀有金属需求的增长。

（二）新材料领域的需求

新材料领域也是稀有金属需求增长的重要领域之一。随着全球科技的进步，新材料产业得到了快速发展。稀土永磁材料、发光材料、超导材料等新材料产品的广泛应用，使得稀土金属等稀有金属的需求快速增长。

在稀土永磁材料领域，稀土金属具有独特的磁性能，被广泛应用于电机、发电机、风力发电等领域。随着新能源产业的快速发展和智能制造的推进，稀土永磁材料的需求将不断增加。这将进一步推动稀土金属等稀有金属需求的增长。

在发光材料领域，稀土金属具有独特的发光性能，被广泛应用于照明、显示等领域。随着 LED 照明技术的不断发展和应用领域的不断拓展，稀土发光材料的需求将不断增加。这将进一步推动稀土金属等稀有金属需求的增长。

在超导材料领域，稀土金属具有独特的超导性能，被广泛应用于磁共振成像、高速列车等领域。随着医疗技术的进步和交通基础设施的完善，超导材料的需求将不断增加。这将进一步推动稀土金属等稀有金属需求的增长。

（三）航空航天领域的需求

航空航天领域是稀有金属需求增长的重要领域之一。随着全球航空航天技术的不断进步和应用领域的不断拓展，稀有金属在航空航天领域的应用越来越广泛。例如，钛合金、铌合金等稀有金属材料被广泛应用于飞机、火箭等航空航天器的制造。

在飞机制造领域，钛合金等稀有金属材料具有耐高温、耐腐蚀等优良性能，被广泛应用于飞机结构件、发动机部件等领域。随着全球航空市场的不断扩大和技术的不断进步，飞机制造对稀有金属的需求量将不断增加。这将进一步推动稀有金属需求的增长。

在火箭制造领域，铌合金等稀有金属材料具有塑性好、耐腐蚀等优良性能，被广泛应用于火箭发动机部件等领域。随着全球航天技术的不断进步和应用领域的不断拓展，火箭制造对稀有金属的需求量也将不断增加。这将进一步推动稀有金属需求的增长。

（四）国内市场需求

我国作为世界上较大的稀有金属消费国之一，对稀有金属的需求尤为旺盛。近年来，我国政府出台了一系列政策，鼓励稀有金属产业的发展，提高资源综合利用率，推动产业转型和升级。

我国政府加大了对稀有金属产业的投入力度，提高了稀有金属产业的研发水平和创新能力。同时，政府还加大了对稀有金属产业的监管力度，规范了市场秩序和竞争行为。此外，政府还积极推动稀有金属产业的国际交流与合作，拓宽了稀有金属的进口渠道和供应来源。

在国内市场需求方面，随着我国经济的持续快速发展和新兴产业的不断涌现，稀有金属的需求量不断增加。例如，在新能源、新材料、航空航天等领域，我国对稀有金属的需求量巨大。为了满足国内市场的需求，我国稀有金属企业不断加大技术创新和研发力度，提高产品的质量和性能水平。同时，金属企业还积极拓展国内外市场渠道和客户资源，提高了市场竞争力和盈利能力水平。

三、我国稀有金属供需平衡分析

从供给和需求两个方面来看，我国稀有金属的供需状况总体平衡。然而，在一些特定领域和特定时期，稀有金属的供需矛盾仍然比较突出。为了解决这些矛盾，需要加强对稀有金属资源的保护和合理利用工作；提高开采技术水平并降低开采成本;同时加强国际交流与合作,拓宽稀有金属进口渠道,保障国家经济安全。

（一）总体供需平衡状况

从总体上看，我国稀有金属的供需状况保持平衡状态。一方面，我国稀有金属资源丰富、储量较大；另一方面，随着我国经济的持续快速发展和新兴产业的不断涌现，稀有金属的需求量不断增加。这种供需平衡状态为我国稀有金属产业的繁荣提供了有力保障。

然而，需要注意的是，在供需平衡的背后也存在一些问题和挑战。例如，在开采和提取过程中存在资源浪费、环境污染等问题；在产业链发展过程中存在技术创新能力不足、产业结构不合理等问题；在国际市场上存在价格波动较大、供应渠道不稳定等问题。这些问题和挑战都需要我们认真对待并采取有效措施加以解决。

（二）特定领域的供需矛盾

尽管我国稀有金属的供需状况总体保持平衡状态，但在一些特定领域和特定时期仍然存在着供需矛盾问题。例如，在航空航天、新能源等领域，稀有金属的需求量较大而供给能力相对有限，稀有金属供应紧张问题比较突出。

在航空航天领域,由于该领域对稀有金属材料的性能要求较高且需求量较大,我国在该领域对稀有金属材料的进口依赖程度较高。为了降低这种依赖程度并提高我国在该领域的自主创新能力，需要加强与国际先进企业和科研机构的交流与合作，并引进先进技术和设备来提高我国在该领域的生产能力和技术水平。

在新能源领域,随着全球能源结构的转型和升级以及新能源产业的快速发展,锂、钴、镍等稀有金属的需求量不断增加。然而，由于这些稀有金属资源分布不均且开采难度较大，我国在该领域对稀有金属材料的进口依赖程度也较高。为了降低这种依赖程度并提高我国在该领域的资源保障能力，需要加强与国际先进企业和科研机构的交流与合作，并引进先进技术和设备来提高我国在该领域的开采和提取技术水平以及资源综合利用率水平。

（三）解决供需矛盾的措施

为了解决我国稀有金属的供需矛盾问题，需要采取以下措施。

1. 加强对稀有金属资源的保护和合理利用工作

为了保障我国稀有金属资源的可持续开发和利用，需要加强对其保护和合理利用的工作。一方面要加强对稀有金属资源的地质勘查和资源评估工作，提高资源勘探精度和效率；另一方面要加强对稀有金属资源的开采管理和监管工作，规范开采行为和秩序，防止资源浪费和环境污染问题的发生。同时还需要加强对稀有金属资源的综合利用工作，提高资源综合利用率水平，降低生产成本并提高经济效益水平。

2. 提高开采技术水平并降低开采成本

为了提高我国稀有金属资源的开采效率和降低成本，需要加强对其开采技术水平的提升工作。一方面要加大对开采技术研发和创新的投入力度，提高开采技术水平和自主创新能力水平；另一方面要引进和消化吸收国际先进技术，提高我国稀有金属开采的自动化、智能化水平，降低人工成本并提高生产效率和安全性水平。同时还需要加强对开采成本的控制和管理，降低开采成本并提高经济效益水平。

3. 加强国际交流与合作

为了解决我国稀有金属的供需矛盾问题，需要加强与国际先进企业和科研机构的交流与合作。一方面要积极参与国际稀有金属市场的竞争与合作，拓宽进口渠道和供应来源；另一方面要积极参与国际稀有金属市场的定价和交易规则制定工作，提高我国在国际稀有金属市场的话语权和影响力水平。

4. 拓宽稀有金属进口渠道

为了保障我国稀有金属资源的供应稳定，需要拓宽其进口渠道和供应来源。一方面要积极寻求与主要稀有金属出口国的交流与合作，建立长期稳定的合作关系；另一方面要积极探索多元化的进口渠道和供应来源，降低对单一来源的依赖程度，并提高供应稳定性和安全性水平。同时还需要加大对进口稀有金属质量和价格的监管工作力度，保障进口稀有金属的质量和价格保持在合理水平。

第二节 有色金属的供给与需求

有色金属是指除铁、锰、铬以外的所有金属，包括铜、铝、铅、锌、镍等。有色金属广泛应用于建筑、交通、电力、电子、机械等领域，是现代工业不可或缺的基础材料。本节将详细探讨我国有色金属的供给与需求情况，并分析其未来的发展趋势。

一、供给情况

近年来，我国有色金属行业的供给受到多重因素的影响，这些因素相互交织，共同塑造了当前有色金属市场的供给格局。

（一）供给侧结构性改革的影响

随着我国经济进入新常态，供给侧结构性改革成为推动经济高质量发展的关键举措。在有色金属行业，供给侧结构性改革主要体现为产能结构的优化和落后产能的淘汰。例如，2024 年，我国 10 种有色金属产量达到 7919 万吨，比上年增长 4.3%。其中，精炼铜产量 1364 万吨，比上年增长 4.1%；电解铝产量 4400 万吨，比上年增长 4.6%。这些数据的增长不仅反映了行业整体的复苏态势，也体现了供给侧结构性改革取得的成效。

这一改革不仅有助于减少过剩产能，提高资源利用效率，还促进了行业内的技术创新和产业升级。通过优化产能布局，有色金属企业能够更加专注于提升产品质量，增强市场竞争力。同时，淘汰落后产能也减少了环境污染和能源消耗，符合我国绿色低碳发展的战略目标。

（二）环境保护政策的限制

随着全球人民环境保护意识的提高，各国政府纷纷出台了一系列环境保护政策，以限制高污染、高能耗产业的发展。在有色金属行业，这些政策主要体现在对矿产资源开采和冶炼过程的严格监管上。

一方面，环境保护政策要求有色金属企业在开采过程中采取更加环保的措施，减少对生态环境的破坏。例如，在矿山开采过程中，有色金属企业需要严格控制废石的产生，防止水土流失和土壤污染。同时，有色金属企业还需要对开采区域进行生态修复，恢复植被和生态环境。

另一方面，环境保护政策也提高了有色金属企业的环保标准。有色金属企业需要采用更加先进的冶炼技术和设备，减少废气、废水和固体废弃物的排放。例如，在铜的冶炼过程中，有色金属企业需要采用先进的闪速熔炼或艾萨熔炼技术，提高冶炼效率和资源利用率，同时减少二氧化硫等有害气体的排放。

这些环境保护政策的实施，无疑增加了有色金属企业的运营成本，但也推动了行业的绿色转型和可持续发展。通过技术创新和产业升级，有色金属企业能够在满足环保要求的同时，提升产品质量。

（三）全球矿业投资下降的影响

近年来，受全球经济形势不确定性和市场风险增加的影响，全球矿业投资呈现出下降趋势。许多矿业公司因成本压力和市场不确定性，减少了对新项目的投资，导致有色金属市场的供给增量难以满足日益增长的需求。

全球矿业投资的下降主要体现在两个方面：一是新矿山的开发进程缓慢；二是现有矿山的扩建和改造计划推迟。新矿山的开发需要投入大量的资金和技术力量，而全球经济形势的不确定性使得矿业公司更加谨慎地评估新项目的投资风险。同时，现有矿山的扩建和改造也需要大量的资金投入，而市场需求的波动使得矿业公司更加关注短期效益，而忽视了长期投资的重要性。

这种投资下降的趋势对有色金属市场的供给产生了显著影响。一方面，新矿山的开发进程缓慢，导致有色金属市场的供给增量有限；另一方面，现有矿山的扩建和改造计划推迟，限制了有色金属市场的供给能力。这些因素共同加剧了有色金属市场的供需矛盾，推高了市场价格。

（四）技术进步对供给的缓解作用

尽管环境保护政策和全球矿业投资下降对有色金属市场的供给产生了负面影响，但技术进步在一定程度上缓解了这种供给压力。通过提高资源的回收率和生产效率，矿业公司能够在不增加新资源投入的情况下，增加有色金属市场的供给量。

一方面，矿业公司采用更加先进的采矿技术和设备，提高了矿石的开采效率和回收率。例如，在铜矿开采过程中，有色金属企业采用大型露天采矿设备和地下采矿技术，提高了矿石的开采效率和回收率。同时，有色金属企业还采用先进的矿石破碎、磨矿和选矿技术，提高了矿石的品位和回收率。

另一方面，有色金属企业也采用更加先进的冶炼技术和设备，提高了金属的冶炼效率和回收率。例如，有色金属企业采用先进的电解精炼技术，提高了铜的纯度和回收率。

此外，循环经济的推广也为金属的再利用提供了新的可能性。通过回收和再利用废旧金属，有色金属行业可以在一定程度上降低对新资源的依赖程度，缓解供给压力。例如，在电子废弃物中回收铜、铝等有色金属，不仅可以减少环境污染和能源消耗，还可以为有色金属市场提供新的供给来源。

二、需求情况

我国有色金属的需求受到全球经济复苏、政策变化以及技术进步等多重因素的影响。这些因素的相互作用使得有色金属市场的需求呈现出快速增长的趋势。

（一）全球经济复苏的拉动作用

近年来，随着全球经济的逐步复苏，各国政府纷纷出台了一系列刺激经济增长的政策措施。这些政策措施的实施促进了全球基础设施建设的加快和制造业的复苏，从而拉动了有色金属市场的需求。

一方面，基础设施建设的加快使得有色金属市场的需求显著增加。例如，在交通、水利、能源等领域的基础设施建设过程中，需要大量的铜、铝等有色金属作为原材料。这些金属的应用不仅提高了基础设施的质量，还促进了相关产业的发展。

另一方面，制造业的复苏也拉动了有色金属市场的需求。随着全球经济的逐步回暖，各国制造业企业纷纷加大投资力度，扩大生产规模。这些企业需要大量的有色金属作为原材料，以满足生产需求和市场供应。

（二）政策变化的推动作用

除了全球经济复苏的拉动作用外，政策变化也对有色金属市场的需求产生了显著影响。各国政府出台的一系列政策措施不仅促进了基础设施建设的加快和制造业的复苏，还推动了新能源、新材料、新技术等领域的快速发展，从而拉动了有色金属市场的需求。

一方面，政府加大对新能源产业的支持力度，推动了光伏、风电等清洁能源的发展。这些清洁能源的发展需要大量的铜、铝等有色金属作为原材料。例如，在光伏电池板的生产过程中，需要大量的铜作为导电材料；在风电设备的制造过程中，需要大量的铝作为结构材料。这些金属的应用不仅提高了新能源设备的性能和效率，还促进了相关产业的发展。

另一方面，政府加大对新材料、新技术领域的支持力度，推动了航空航天、高端装备制造、生物医药等产业的发展。这些产业的发展需要大量的钛、镁、锆等轻质高强度有色金属作为原材料。例如，在航空航天领域，钛、镁等金属的应用广泛，成为提高飞行器性能和效率的关键因素；在高端装备制造领域，锆等金属的应用也日益增多，成为推动产业升级的重要力量。

（三）技术进步的推动作用

技术进步不仅推动了有色金属行业的绿色发展，还促进了相关产业的转型和升级，从而拉动了有色金属市场的需求。随着科技的不断进步，有色金属在各个领域的应用不断拓展和深化。

一方面，技术进步提高了有色金属的性能，使得其在各个领域的应用更加广泛和深入。例如，在电子领域，随着集成电路技术的不断发展，铜、铝等有色金属在电子线路板、连接器等方面的应用日益增多；在机械领域，随着新材料技术的不断进步，钛、镁等轻质高强度有色金属在航空航天、汽车制造等方面的应用也日益广泛。

另一方面，技术进步还推动了相关产业的转型和升级，从而拉动了有色金属市场的需求。例如，在新能源汽车领域，随着电池技术的不断进步和成本的降低，新能源汽车的产量和销量不断增加。这些汽车的生产需要大量的铜、铝、锂、钴等有色金属作为原材料。同时，随着充电基础设施的不断完善和推广，人们对铜等有色金属的需求也将进一步增加。

此外，技术进步还推动了循环经济的发展，为有色金属的再利用提供了新的可能性。通过回收和再利用废旧金属，我们不仅可以减少环境污染和能源消耗，还可以为有色金属市场提供新的供给来源。例如，在电子废弃物中回收铜、铝等有色金属，不仅可以降低生产成本和减少资源消耗，还可以提高产品的附加值和市场竞争力。

三、我国有色金属供需平衡分析

总体来看，我国有色金属行业的供需关系呈现出结构性变化的特点。在供给方面，虽然深受环境保护政策、矿业投资下降等因素的影响，但随着技术的进步和循环经济的推广，供给压力有望得到缓解。在需求方面，全球经济复苏、新能源等领域的快速发展将持续拉动有色金属需求的增长。

（一）供需平衡的现状分析

当前，我国有色金属行业的供需关系呈现出一定的紧张态势。一方面，随着全球经济复苏和基础设施建设的加快，有色金属市场的需求不断增加；另一方面，受到环境保护政策和全球矿业投资下降的影响，有色金属市场的供给增量有限。这种供需矛盾导致市场价格波动较大，给企业和投资者带来了较大的风险。

然而，从长期来看，我国有色金属行业的供需关系有望趋于平衡。一方面，随着技术的进步和循环经济的推广，有色金属行业的供给能力将不断提升。通过提高资源的回收率和生产效率，矿业公司可以在不增加新资源投入的情况下，增加有色金属市场的供给量。同时，循环经济的推广也为金属的再利用提供了新的可能性，进一步缓解了供给压力。另一方面，随着全球经济复苏和新能源等领域的快速发展，有色金属市场的需求将持续增长。然而，随着相关产业的转型和升级以及技术进步的推动，有色金属市场的需求结构也将发生变化。例如，在新能源汽车领域，随着电池技术的不断进步和成本的降低，人们对锂、钴等有色金属的需求将不断增加；而在传统汽车制造领域，随着轻量化技术的推广和应用，人们对铝、镁等轻质高强度有色金属的需求也将持续增长。

（二）未来展望与发展趋势

未来，我国有色金属行业将继续面临诸多挑战和机遇。一方面，随着全球经济形势的变化和市场竞争的加剧，有色金属企业需要不断提升自身竞争力和可持续发展能力；另一方面，随着新能源、新材料、新技术等领域的快速发展，有色金属行业也将迎来新的发展机遇和增长点。

1. 深化供给侧结构性改革

未来，有色金属行业应继续深化供给侧结构性改革，优化产能布局和产品结构。有色金属行业应通过淘汰落后产能和整合优势资源，提高行业的整体竞争力和可持续发展能力；同时，加强科技创新和环保技术的应用，提升产品质量，满足市场需求和环保要求。

2. 加强科技创新和环保技术的应用

科技创新和环保技术是推动有色金属行业绿色发展的关键因素。未来，有色金属企业应加大研发投入力度，推动技术创新和产业升级。有色金属企业应通过采用先进的采矿、冶炼和加工技术，提高资源的回收率和生产效率；同时加强环保技术的应用和推广，减少环境污染和能源消耗，实现绿色低碳发展。

3. 积极拓展国际交流与合作

在全球经济一体化的背景下，有色金属企业需要积极拓展国际交流与合作渠道。有色金属企业应通过加强与国外矿业公司的交流与合作，引进先进技术和管理经验；同时积极参与国际市场竞争，拓展海外市场。这不仅有助于提升我国有色金属企业的国际竞争力，还有助于保障我国有色金属资源的稳定供应和安全。

4. 推动循环经济的发展

循环经济是推动有色金属行业可持续发展的重要途径。未来，有色金属企业应积极采用循环经济的发展模式，加强废旧金属的回收和再利用工作。有色金属企业应通过建立健全废旧金属回收体系和处理机制，提高废旧金属的回收率和再利用效率；同时加大技术研发和创新力度，推动废旧金属的高值化利用。

5. 关注新能源、新材料、新技术等领域的发展机遇

新能源、新材料、新技术等领域的快速发展为有色金属行业带来了新的发展机遇和增长点。未来，有色金属企业应密切关注这些领域的发展趋势和市场动态，及时调整产品结构和市场布局。

未来，有色金属行业应继续深化供给侧结构性改革，加强科技创新和环保技术的应用，积极拓展国际交流与合作、推动循环经济的发展，以及关注新能源、新材料、新技术等领域的发展机遇，实现行业的可持续发展和转型升级。

第三节　黑色金属的供给与需求

黑色金属主要包括铁、锰、铬及其合金，是现代工业不可或缺的基础材料，广泛应用于建筑、机械制造、交通运输、电子等多个领域。以下是对我国黑色金属供给与需求的详细分析。

一、供给情况

（一）国内资源分布与生产现状

我国是全球主要的黑色金属生产国之一，拥有丰富的黑色金属资源，这些资源的分布相对集中，为黑色金属的生产提供了坚实的物质基础。

1. 铁矿石资源

我国铁矿石储量丰富，主要分布在河北、四川、安徽、新疆等地。其中，河北地区铁矿石储量尤为突出，是我国重要的铁矿石生产基地之一。上述地区的铁矿石资源不仅储量大，而且品位较高，为钢铁生产提供了优质的原料。

近年来，随着技术的进步和产业升级，我国铁矿石的开采效率不断提高。通

过引进先进的开采技术和设备，我国铁矿石的产量稳步增长，为钢铁行业的发展提供了有力的保障。同时，国内企业还积极研发高效、环保的选矿技术，以提高铁矿石的利用率、降低生产成本。

2. 煤炭资源

煤炭是我国能源结构的重要组成部分，也是黑色金属生产的重要原料。我国煤炭资源集中分布在山西、内蒙古、陕西、新疆等省区。这些地区的煤炭储量丰富，品种齐全，为黑色金属的生产提供了充足的能源保障。

在煤炭开采方面，我国已经形成了较为完善的开采体系和技术体系。通过引进先进的开采技术和设备，我国提高了煤炭的开采效率。同时，国内企业还积极研发煤炭清洁利用技术，减少煤炭燃烧过程中的污染物排放，推动黑色金属行业绿色、可持续发展。

3. 其他黑色金属资源

除了铁矿石和煤炭外，我国还拥有丰富的锰矿、铬矿等黑色金属资源。这些资源虽然储量相对较小，但在黑色金属生产中同样发挥着重要作用。例如，锰矿是生产锰铁合金的重要原料，广泛应用于铸造等行业；铬矿则是生产不锈钢等特种钢材的重要原料，具有广泛的应用前景。

（二）技术进步与产业升级

近年来，我国黑色金属行业在技术进步和产业升级方面取得了显著成效，如通过引进先进的生产技术和设备，提高了黑色金属的生产效率和产品质量。同时，国内企业还积极研发具有自主知识产权的核心技术，推动黑色金属行业创新性发展。

1. 炼铁技术

在炼铁方面，我国已经形成了高炉炼铁和非高炉炼铁两种主要生产方式。高炉炼铁是我国传统的炼铁方式，具有生产规模大、技术成熟等优点。近年来，随着高炉大型化、高效化技术的不断推广和应用，我国高炉炼铁的生产效率和产品质量得到了显著提升。

同时，非高炉炼铁技术也得到了快速发展。例如，直接还原铁技术和熔融还原铁技术等新型炼铁技术不断涌现，为黑色金属生产提供了新的选择。这些新型炼铁技术具有生产流程短、能耗低、环保等优点，是未来黑色金属行业发展的重要方向。

2. 炼钢技术

在炼钢方面，我国已经形成了转炉炼钢和电炉炼钢两种主要生产方式。转炉炼钢是我国传统的炼钢方式，具有生产规模大、技术成熟等优点。近年来，随着转炉大型化、高效化技术的不断推广和应用，我国转炉炼钢的生产效率和产品质量得到了显著提升。

同时，电炉炼钢技术也得到了快速发展。电炉炼钢具有生产流程短、能耗低、环保等优点。近年来，随着废钢资源的不断增加和回收技术的不断提高，我国电炉炼钢的比重逐渐提高，为黑色金属行业的可持续发展提供了新的动力。

3. 深加工技术

在深加工方面，我国黑色金属行业也取得了显著进展。我国通过引进先进的深加工技术和设备，提高了黑色金属产品的附加值和市场竞争力。例如，冷轧薄板、镀锌板、彩涂板等高端钢材产品的生产技术和装备水平不断提高，满足了市场对高品质、高性能钢材产品的需求。

同时，国内企业还积极研发具有自主知识产权的深加工技术，推动黑色金属行业创新性发展。例如，高强度钢材、耐候钢材等新型钢材产品不断涌现，为黑色金属行业带来了新的增长点。

（三）海外资源开发与利用

为了确保原料供应的多元化和稳定性，我国黑色金属企业还积极开拓海外矿产资源，通过参与国际矿业合作、投资海外矿山等方式，获取优质的黑色金属原料。

1. 参与国际矿业合作

我国黑色金属企业积极参与国际矿业合作，与全球主要矿业公司建立了良好的合作关系，通过签订长期供应合同、合资合作等方式，确保原料供应的稳定性和可靠性。同时，国内企业还积极参与国际矿业市场的竞争和合作，提高了我国在国际矿业市场的话语权和影响力。

2. 投资海外矿山

除了参与国际矿业合作外，我国黑色金属企业还积极投资海外矿山，通过收购、兼并等方式获取优质的黑色金属原料。例如，我国一些大型钢铁企业已经在澳大利亚、巴西、南非等铁矿石资源丰富的国家建立了稳定的原料供应基地。这些海外矿山不仅为我国黑色金属生产提供了优质的原料保障，还为我国企业“走出去”战略的实施提供了有力支持。

（四）政策保障

在黑色金属供给方面，我国政府实施了一系列政策以优化产业结构、提高资源利用效率。这些政策不仅推动了黑色金属行业的健康发展，还为我国经济社会的可持续发展提供了有力保障。

1. “以钢定焦”政策

“以钢定焦”政策是我国政府为了控制焦炭产能过剩、优化产业结构而实施的一项重要政策。该政策根据钢铁产能产量来控制焦炭生产规模，避免焦炭产能过剩和浪费。通过实施“以钢定焦”政策，我国焦炭行业的产业结构得到了优化调整，资源利用效率得到了显著提升。

2. 环保政策

随着人们环保意识的不断提高和环保法规的不断完善，我国政府对黑色金属行业的环保要求也越来越高。我国通过加强环保监管、推广环保技术等措施，推动黑色金属行业向绿色、可持续发展方向转型。例如，我国政府对钢铁行业的环保要求越来越严格，要求企业采用先进的环保技术和设备，以减少污染物排放。这些环保政策的实施不仅推动了黑色金属行业的绿色发展，还为改善我国环境质量做出了积极贡献。

3. 产业结构优化政策

除了“以钢定焦”政策和环保政策外，我国政府还实施了一系列产业结构优化政策，以推动黑色金属行业的健康发展。例如，我国政府通过鼓励企业进行技术创新、加强品牌建设等提高黑色金属产品的附加值和市场竞争力；通过推动产业整合、兼并重组等方式优化黑色金属行业的产业结构；通过加强国际交流与合作拓展黑色金属行业的国际市场份额等。这些产业结构优化政策的实施不仅推动了黑色金属行业的健康发展，还为我国经济社会的可持续发展提供了有力保障。

二、需求情况

（一）经济增长与基础设施建设

随着我国经济的持续增长和基础设施建设的不断推进，黑色金属的需求保持着强劲态势。特别是在制造业升级、清洁能源项目盛行以及城市化进程加速的背景下，黑色金属的需求量稳步增长。

1. 经济增长

经济增长是推动黑色金属需求增长的重要因素之一。随着我国经济的持续增长和工业化进程的加速推进，黑色金属的需求量不断增加。例如，在制造业领域，随着汽车、机械、电子等行业的快速发展和升级换代，高品质、高性能的黑色金属需求量不断增加。这些行业对黑色金属的需求不仅推动了黑色金属行业的健康发展，还为我国经济社会的可持续发展提供了有力支撑。

2. 基础设施建设

基础设施建设是推动黑色金属需求增长的另一个重要因素。随着我国城市化进程的加速推进和交通、水利等基础设施建设的不断完善，黑色金属的需求量不断增加。例如，在交通领域，随着高速铁路、高速公路等交通基础设施的不断建设和完善，钢铁等黑色金属的需求量不断增加；在水利领域，随着大型水利工程的建设和改造升级，锰铁合金等黑色金属的需求量也在不断增加。这些基础设施建设的推进不仅提高了我国的基础设施水平和社会发展水平，还为黑色金属行业带来了新的增长点。

（二）制造业升级与新兴领域发展

随着我国制造业的不断升级和新兴领域的快速发展，黑色金属的需求呈现出多元化和高端化的趋势。这些新兴领域对材料的性能及种类要求更高，为黑色金属行业带来了新的增长点和发展机遇。

1. 制造业升级

随着我国制造业的不断升级，高品质、高性能的黑色金属需求量不断增加。例如，在汽车制造领域，随着新能源汽车的快速发展和普及，高强度钢材、铝合金等新型材料的需求量不断增加；在机械制造领域，随着高端装备制造业的快速发展和智能制造技术的广泛应用，高品质、高性能的黑色金属需求量也在不断增加。这一制造业升级的趋势不仅推动了黑色金属行业的创新性发展和技术进步，还为我国经济社会的可持续发展提供了有力支撑。

2. 新兴领域发展

除了制造业升级外，新兴领域的快速发展也为黑色金属行业带来了新的增长点和发展机遇。例如，在新能源领域，随着太阳能、风能等可再生能源的快速发展，不锈钢、钛合金等耐腐蚀材料的需求量不断增加；在航空航天领域，随着航空航天技术的不断进步和航天器的广泛应用，高品质、高性能的黑色金属需求量也在不断增加。这些新兴领域的发展不仅推动了黑色金属行业的多元化和高端化发展，还为我国经济社会的可持续发展提供了新的动力源泉。

（三）主要需求领域分析

1. 钢铁行业

钢铁行业是我国黑色金属的主要需求领域之一。随着我国经济的持续增长和工业化进程的加速推进，钢铁行业对黑色金属的需求量不断增加。特别是在建筑、机械、汽车等领域对高品质钢材的需求量不断增加的背景下，钢铁行业对黑色金属的需求量呈现出稳步增长的趋势。同时，随着钢铁行业技术的进步，钢铁行业对黑色金属的质量和性能要求也越来越高。这些因素共同推动了钢铁行业对黑色金属需求的稳定增长。

2. 建筑行业

建筑行业是我国黑色金属的另一个重要需求领域。随着我国城市化进程的加速推进和城乡基础设施建设的不断完善，建筑行业对黑色金属的需求量不断增加。特别是在高层建筑、大型公共建筑等领域对高品质钢材的需求量不断增加的背景下，建筑行业对黑色金属的需求量呈现出快速增长的趋势。同时，随着产业升级步伐的加快，建筑行业对黑色金属的质量和性能要求也越来越高。这些因素共同推动了建筑行业对黑色金属需求的快速增长。

3. 汽车行业

汽车行业是我国黑色金属的一个重要需求领域。近年来，汽车行业对黑色金属的需求量不断增加。特别是在汽车轻量化、智能化等趋势的推动下，汽车行业对黑色金属的需求量呈现出快速增长的趋势。同时，随着环保要求的不断提高，汽车行业对黑色金属的质量和性能要求也越来越高。这些因素共同推动了汽车行业对黑色金属需求的快速增长。

4. 机械制造行业

机械制造行业是我国黑色金属的又一个重要需求领域。随着我国高端装备制造业的崛起以及智能制造技术的广泛应用，机械制造行业对黑色金属的需求量不断增加。特别是在高端装备制造、智能制造等领域对高品质材料的需求量不断增加的背景下，机械制造行业对黑色金属的需求量呈现出稳步增长的趋势。同时，随着产业升级步伐的加快，机械制造行业对黑色金属的质量和性能要求也越来越高。这些因素共同推动了机械制造行业对黑色金属需求的稳定增长。

（四）未来需求趋势预测

未来，在我国经济持续增长、工业化进程加速推进以及新兴领域快速发展等因素的影响下，黑色金属的需求量将继续增加。特别是在新能源汽车、航空航天等新兴领域对高品质材料的需求量不断增加的背景下，黑色金属的需求量将呈现出快速增长的趋势。

同时，在我国的环保要求不断提高和可持续发展理念深入人心等因素的影响下，黑色金属行业将更加注重环保和可持续发展。这将推动黑色金属行业向绿色、低碳、循环等方向转型升级，进而提高资源利用效率和降低污染物的排放。这些趋势将共同推动黑色金属行业未来的健康发展和高质量发展进程。

三、我国黑色金属供需平衡分析

（一）当前供需平衡状况

目前，我国黑色金属市场供需关系相对稳定。这主要得益于我国拥有丰富的黑色金属矿产资源、先进的生产技术以及完善的产业体系。然而，受经济周期、政策调整、环保要求等多种因素的影响，供需平衡状态可能会发生变化。

1. 经济周期的影响

经济周期是影响黑色金属供需平衡的重要因素之一。在经济繁荣时期，由于投资和消费需求的增加以及基础设施建设的加速推进，黑色金属的需求量不断增加；而在经济衰退时期，由于投资和消费需求的减少以及基础设施建设的放缓，黑色金属的需求量不断下降。这种经济周期的变化会导致黑色金属市场供需平衡状态的变化。

2. 政策调整的影响

政策调整是影响黑色金属供需平衡的另一重要因素。例如，“以钢定焦”政策的实施控制了焦炭生产规模并优化了产业结构；环保政策的加强推动了黑色金属行业向绿色、可持续发展方向转型等。这些政策的调整会对黑色金属市场的供需平衡状态产生影响。

3. 环保要求的影响

在环保要求不断提高和可持续发展理念深入人心等因素的影响下，黑色金属行业将更加注重环保和可持续发展。这将推动黑色金属行业向绿色、低碳、循环等方向转型升级，并可能导致部分高污染、高能耗的企业被淘汰出局。这将对黑色金属市场的供需平衡状态产生影响。

（二）未来趋势分析

展望未来，随着全球经济的稳步复苏和工业化进程的加速推进以及新兴领域的快速发展，黑色金属的需求量将继续增加。同时，随着我国环保要求的不断提高和可持续发展理念逐渐深入人心，黑色金属行业将更加注重环保和可持续发展。这将推动黑色金属行业向绿色、低碳、循环等方向转型升级，并提高资源利用效率和减少污染物的排放。

1. 需求量持续增长

未来，随着我国经济的持续增长、工业化进程的加速推进以及新兴领域的快速发展，黑色金属的需求量将继续增加。特别是在新能源汽车、航空航天等新兴领域对高品质材料的需求量不断增加的背景下，黑色金属的需求量将呈现出快速增长的趋势。

2. 供给结构优化调整

未来，随着我国产业升级步伐的加快，黑色金属行业的供给结构将得到优化调整。例如，推广先进的生产技术和设备，以提高生产效率；加强环保监管，推动行业向绿色、可持续发展方向转型升级；推动产业整合和兼并重组，提高行业集中度和竞争力。这些措施将共同推动黑色金属行业供给结构的优化调整，进而提高资源利用效率、降低生产成本。

3. 价格波动趋于稳定

未来，在我国黑色金属市场供需关系趋于平衡以及国际市场价格波动趋于稳定等因素的影响下，黑色金属市场价格波动将趋于稳定。同时，随着我国高新技术的进步和产业升级步伐的加快，黑色金属行业的生产成本将逐渐降低，进而推动市场价格下降。这些因素将共同推动黑色金属市场价格波动趋于稳定，并为行业健康发展提供有力支撑。

（三）维持供需平衡的措施

为了维持我国黑色金属市场的供需平衡状态并实现行业健康发展的目标，政府和企业需要密切关注市场动态。以下是一些具体的措施。

1. 加强宏观调控和政策引导

政府应加强宏观调控和政策引导，通过制定科学合理的产业政策和市场准入政策，规范市场秩序并促进公平竞争；通过加强环保监管和推广环保技术，推动行业向绿色、可持续发展方向转型升级；通过推动产业整合和兼并重组，优化产业结构。

2. 提高技术创新能力

企业应积极提高技术创新能力，通过引进先进的生产技术和设备提高生产效率；通过加强自主研发和产学研合作提高自主创新能力；通过加强人才培养和引进提高员工素质和技术水平。

3. 拓展海外市场

企业应积极拓展海外市场，通过参与国际竞争与合作提高国际市场份额；通过加强国际交流与合作获取优质原料资源；通过加强品牌建设提高客户满意度和忠诚度。

4. 加强环保监管

政府应加强环保监管，通过制定科学合理的环保标准和法规，规范企业行为并推动行业向绿色、可持续发展方向转型升级；通过加大环保执法和检查力度，确保企业遵守环保法规；通过加大环保宣传和教育力度，提高公众的环保意识，并推动社会共治格局的形成。

综上所述，我国黑色金属的供给与需求呈现出稳定增长的趋势。在未来发展中，政府和企业应密切关注市场动态并加强合作，以推动黑色金属行业的持续健康发展。

第四节　贵金属的供给与需求

贵金属主要指金、银、铂、钯等金属，它们因其独特的物理化学性质、稀缺性以及广泛的应用领域，而具有较高的经济价值和投资属性。贵金属不仅是珠宝行业的基石，也是工业制造和金融市场的重要组成部分，对现代经济的稳定与发展起着不可或缺的作用。我国作为世界上较大的贵金属消费国之一，其贵金属市场的供给与需求状况不仅反映了国内经济的活跃程度，也对全球贵金属市场产生着重要影响。以下是对我国贵金属供给与需求的详细分析。

一、供给情况

我国贵金属的供给主要来源于矿产开采、回收再利用以及官方储备的销售。这三个渠道各有特点，共同构成了我国贵金属市场的供给体系。

（一）矿产开采

金矿、银矿以及铂族金属矿是我国贵金属的主要矿产来源。这些矿产资源的分布并不均匀，往往集中在特定的地理区域。例如，我国的金矿资源主要分布在山东、河南、江西、内蒙古等地，这些地区因其独特的地质构造和成矿条件，成了我国金矿开采的主要区域。

然而，随着老矿资源的逐渐枯竭，新矿的勘探和开采面临着前所未有的挑战。一方面，地质勘探技术的难度和成本不断增加，使得新矿的发现变得越来越困难；另一方面，即使发现了新矿，其开采条件也可能十分恶劣，需要投入大量的人力、物力和财力。这些因素都在一定程度上制约了我国贵金属的产量。

尽管如此，我国仍在努力提升矿产开采的技术水平，以期增加贵金属的产量。近年来，随着科技的进步和矿产开采技术的不断创新，我国在金矿、银矿以及铂族金属矿的开采方面取得了显著进展。通过引进国外先进技术和设备，加强自主研发和创新，我国矿产开采的效率得到了大幅提升。同时，政府也出台了一系列政策措施，鼓励企业加大矿产勘探和开采的投入，为贵金属产业的发展提供了有力支持。

（二）回收再利用

回收再利用是贵金属供给的重要组成部分。随着科技的进步和人们环保意识的提高，废旧电子产品、珠宝首饰等中的贵金属回收技术不断提升，使得回收再利用的贵金属数量逐渐增加。这一趋势不仅有助于缓解贵金属资源短缺的问题，还有助于减少环境污染。

在废旧电子产品方面，随着智能手机、平板电脑、笔记本电脑等电子产品的普及和更新换代速度的加快，废旧电子产品中的贵金属含量不断增加。通过先进的回收技术和设备，这些废旧电子产品中的贵金属可以被有效提取和再利用。这不仅提高了资源的利用效率，还为企业创造了新的经济效益。

在珠宝首饰方面，随着人们生活水平的提高和消费观念的转变，其对珠宝首饰的需求也在不断增加。然而，随着珠宝首饰的更新换代和消费者偏好的变化，大量旧首饰被闲置或丢弃。通过专业的回收渠道和技术手段，这些旧首饰中的贵金属可以被回收再利用，既减少了资源浪费，又满足了市场对贵金属的需求。

（三）官方储备的销售

官方储备的销售具有不确定性，但也在一定程度上影响着贵金属的供给。一些国家或机构基于经济形势、外汇储备调整等因素，可能会出售其持有的贵金属储备，从而对市场供应产生影响。这种影响可能是短期的，也可能是长期的，具体取决于出售的规模、速度和时机等因素。

官方储备的销售通常是由政府或中央银行等官方机构进行的。这些机构会根据国内外经济形势和货币政策等因素，灵活调整其贵金属储备的规模和结构。当国内经济形势稳定、外汇储备充足时，官方机构可能会减少贵金属储备的持有量，通过销售部分储备来回收资金或调整资产结构；当国内经济形势不稳定、外汇储备紧张时，官方机构可能会增加贵金属储备的持有量，以应对可能出现的金融风险和市场波动。

官方储备的销售对贵金属市场的影响是复杂而多变的。一方面，销售行为可能会导致短期内市场供应增加，从而对贵金属价格产生下行压力；另一方面，销售行为也可能引发市场对未来供应减少的预期，从而推动贵金属价格上涨。因此，官方储备的销售行为需要谨慎考虑和周密安排，以确保其对贵金属市场的影响在可控范围内。

二、需求情况

我国贵金属的需求主要包括工业需求、投资需求和首饰需求。这三个领域的需求各有特点，共同构成了我国贵金属市场的需求体系。

（一）工业需求

贵金属在工业领域有着广泛的应用，如电子、医疗、航空航天等。这些领域对贵金属的需求不仅数量巨大，而且质量要求高。随着这些行业的快速发展和技术的进步，贵金属的需求将不断增加。

在电子领域，贵金属被广泛应用于电子元器件、半导体材料、电路板等方面。例如，金和银因其良好的导电性和稳定性，被用作电极材料等；铂和钯则因其独特的催化性能，被用作燃料电池、汽车尾气净化器等的材料。随着电子产品的不断更新换代及其智能化程度的提高，贵金属的需求将不断增加。

在医疗领域，贵金属被广泛应用于医疗器械、药物载体、诊断试剂等方面。例如，金纳米粒子因其良好的生物相容性和靶向性，被用作药物载体和诊断试剂；银离子则因其抗菌性能，被用作防腐材料。随着医疗技术的不断进步，贵金属在医疗领域的应用将不断扩大。

在航空航天领域，贵金属被广泛应用于发动机、导航系统、热防护系统等方面。

例如，铱因其高熔点和高密度的特性，被用作火箭发动机喷嘴的材料；铂和钯则因其良好的催化性能，被用作燃料电池和氧气发生器的材料。随着航空航天技术的不断进步和太空探索活动的增加，航空航天领域对贵金属的需求将持续增长。

（二）投资需求

贵金属作为一种避险资产，在经济不稳定、通货膨胀预期上升或地缘政治紧张等情况下，往往受到投资者的青睐。近年来，全球经济的波动和地缘政治局势的紧张，使得投资者对贵金属的投资需求不断增加。

贵金属的投资需求主要来源于两个方面：一是个人投资者和机构投资者对贵金属的投资需求；二是各国央行和国际组织对贵金属的储备需求。在个人投资者和机构投资者方面，他们通常会将一部分资金配置到贵金属等避险资产上，以分散投资风险和保值增值。当全球经济形势不稳定或地缘政治局势紧张时，这些投资者往往会增加对贵金属的投资比例，以应对可能出现的市场波动和金融风险。

在各国央行和国际组织方面，它们通常会将一部分外汇储备配置到贵金属等实物资产上，以应对可能出现的货币贬值和金融危机。例如，一些发展中国家为了稳定本国货币汇率和防范金融风险，会大量购买黄金等贵金属作为外汇储备；而一些发达国家则为了保持其国际储备的多样性和稳定性，也会适当配置贵金属等实物资产。

此外，贵金属的投资需求还受到金融市场波动和投资者预期等因素的影响。当金融市场出现大幅波动或投资者对未来经济前景持悲观态度时，他们往往会增加对贵金属的投资比例以寻求避险和保值；而当金融市场相对稳定或投资者对未来经济前景持乐观态度时，他们则可能会减少对贵金属的投资比例以追求更高的收益。

（三）首饰需求

首饰需求是贵金属需求的重要组成部分。在一些重要的节日中，人们对金银首饰的需求会出现阶段性的增长。此外，随着人们生活水平的提高和消费观念的转变，其对黄金首饰的需求也呈现出多样化和个性化的特点。

在重要节日中，人们往往会购买金银首饰作为礼物或纪念品。例如，在中国的春节、中秋节等传统节日中，人们会购买黄金首饰作为礼物送给亲朋好友；而在西方的圣诞节、情人节等节日中，人们也会购买金银首饰作为表达爱意和祝福的方式。这些节日对金银首饰的需求具有周期性和季节性特点，对贵金属市场的影响也较为显著。

随着人们生活水平的提高和消费观念的转变，其对黄金首饰的需求呈现出多样化和个性化的特点。一方面，消费者对黄金首饰的品质和款式要求越来越高，不再满足于传统的足金首饰和简单款式；另一方面，消费者对黄金首饰的个性化定制需求也越来越强烈，希望根据自己的喜好和需求来定制独一无二的首饰。这种多样化和个性化的需求趋势不仅推动了黄金首饰行业的创新和发展，也为贵金属市场带来了新的增长点。

三、我国贵金属供需平衡分析

（一）当前供需平衡状况

从当前供需平衡状况来看，我国贵金属市场呈现出供不应求的局面。一方面，随着经济的快速发展和科技进步的推动，工业领域对贵金属的需求不断增加；另一方面，随着人们生活水平的提高和消费观念的转变，首饰领域和投资领域对贵金属的需求也在持续增长。然而，在供给方面，尽管我国矿产开采技术和回收再利用技术不断提升，但贵金属资源的稀缺性和开采难度仍然限制了其产量的增加。此外，官方储备的销售也具有一定的不确定性，难以对市场供应产生稳定的影响。

在这种供需失衡的情况下，贵金属价格呈现出上涨趋势。特别是在全球经济形势不稳定或地缘政治局势紧张时，投资者对贵金属的避险需求增加，进一步推高了贵金属价格。然而，贵金属价格的上涨也带来了一定的风险和挑战。一方面，高价格可能会抑制部分工业领域和首饰领域对贵金属的需求；另一方面，高价格也可能会引发投机炒作行为的出现，导致市场波动加剧。

（二）未来趋势分析

1. 供给趋势

未来我国贵金属市场的供给趋势将受到多种因素的影响。一方面，随着科技的进步和矿产开采技术的不断创新，我国贵金属矿产资源的开采效率将进一步提升。这将有助于增加贵金属的产量和降低开采成本，从而缓解市场供应紧张的局面。另一方面，随着人们环保意识的提高，我国贵金属回收再利用产业将得到进一步发展。这将有助于提高贵金属资源的综合利用率和减少环境污染。此外，官方储备的销售也将对市场供应产生一定的影响。然而，由于官方储备的销售具有不确定性，其影响程度和范围难以准确预测。

2. 需求趋势

未来我国贵金属市场的需求趋势也将受到多种因素的影响。一方面，随着经济的快速发展和科技进步的推动，工业领域对贵金属的需求将继续保持增长态势。特别是在新能源汽车、航空航天等高科技领域，贵金属的应用前景广阔，对市场的拉动作用显著。另一方面，随着人们生活水平的提高和消费观念的转变，首饰领域和投资领域对贵金属的需求也将持续增长。特别是在一些新兴市场和发展中国家，随着中产阶级的崛起，其对黄金首饰和贵金属投资的需求将不断增加。

然而，需要注意的是，未来贵金属市场也面临着一些不确定性和风险。一方面，全球经济形势和地缘政治局势的变化可能会对贵金属市场产生冲击和影响；另一方面，贵金属价格的波动和投机炒作行为的出现也可能导致市场风险的增加。因此，在未来的发展中，我们需要密切关注国内外经济形势和地缘政治局势的变化，以及贵金属市场的波动和风险情况，做好应对和防范准备。

3. 政策与市场监管

为了促进贵金属市场健康发展和稳定运行，政府需要加强政策引导和市场监管。一方面，政府可以出台一系列政策措施来鼓励贵金属矿产资源的勘探和开采、推动贵金属回收再利用产业的发展、加强贵金属市场的监管等；另一方面，政府还可以通过加强与国际组织和外国政府的交流与合作来共同应对贵金属市场的挑战和风险。此外，政府还可以通过加强对贵金属市场信息的披露来提高并增强市场的公信力和投资者的信心。

同时，企业也需要通过提高自身的管理和创新能力来提高市场竞争力和盈利能力。一方面，企业可以通过加大研发投入和技术创新力度来提高产品的质量和性能、降低成本和提高效率等；另一方面，企业还可以通过加强品牌建设和市场营销来提高产品的知名度和美誉度、拓展市场份额和提高盈利能力等。此外，企业还需要密切关注国内外经济形势和地缘政治局势的变化，以及贵金属市场的波动和风险情况，以做好应对和防范准备。

4. 国际交流与合作

贵金属是全球性的战略资源之一，其市场供需平衡状况和价格波动不仅受到国内因素的影响，还受到国际因素的影响。因此，加强国际交流与合作对于促进贵金属市场的健康发展和稳定运行具有重要意义。

在具体交流与合作方面，我国可以通过积极参与国际贵金属市场的定价机制建设来提高我国在全球贵金属市场中的话语权和影响力；同时，我国还可以通过加强与其他国家在贵金属矿产资源勘探和开采方面的合作来提高我国贵金属矿产资源的保障能力和供应稳定性。此外，我国还可以通过加强与其他国家在贵金属回收再利用方面的合作来提高我国贵金属资源的综合利用率并减少环境污染。

综上所述，我国贵金属市场的供给与需求状况呈现出复杂而动态的特点。为了保持市场的稳定和可持续发展，需要政府、企业和投资者等多方面共同努力。政府需要通过加强政策引导和市场监管来营造良好的市场环境；企业需要通过加强自身的管理和创新能力来提高市场竞争力和盈利能力；投资者则需要通过密切关注市场动态和风险情况来做好投资决策和风险防范工作。同时，各国加强交流与合作也是促进贵金属市场健康发展的重要途径之一。

第四章　金属矿产资源安全

本章将深入探讨金属矿产资源安全的相关内容，分析影响金属矿产资源安全的地质条件、资源分布、技术水平等多重因素，阐述金属矿产资源安全评价的意义、具体实践、面临的挑战及其对策，介绍金属矿产资源安全评价的过程，探讨如何构建金属矿产资源安全监测与预警指标体系，推动金属矿产资源产业可持续发展。

第一节　金属矿产资源安全的影响因素

我国金属矿产资源安全受到多方面因素的影响，这些因素错综复杂，相互交织，共同构成了我国金属矿产资源安全的现状与挑战。为了全面深入地理解这些影响因素，本节将从地质条件与资源分布、技术水平与开采能力、资源循环利用与环保要求、国际市场与供应链安全四个方面进行详细探讨。

一、地质条件与资源分布

我国金属矿产资源的地质条件复杂，资源分布不均衡，这是影响我国金属矿产资源安全的首要因素。

（一）地质条件的复杂性

我国地域辽阔，地质构造复杂多样，从古老的结晶基底到年轻的地壳褶皱带，从平原到高山，从海洋到内陆，各种地质构造类型齐全。这种复杂的地质条件对金属矿产资源的形成和分布产生了深远影响。一方面，复杂的地质构造为金属矿产资源的形成提供了有利条件，使得我国成为全球金属矿产资源种类较为齐全的国家之一；另一方面，复杂的地质条件也给金属矿产资源的勘查和开采带来了巨大挑战。例如，在深部找矿过程中，需要克服高温、高压、高应力等极端地质条件，这对勘查技术和设备提出了极高的要求。

（二）资源分布的不均衡性

我国金属矿产资源的分布呈现出明显的不均衡性。一些重要的金属矿产如铁、铜、铝等，虽然总体储量丰富，但品位较低，开采难度大，开采成本高。这种不均衡性不仅体现在不同金属矿产之间，还体现在同一金属矿产的不同地区之间。以铁矿为例，我国铁矿资源主要集中在辽宁、河北、四川、山西、安徽、云南等地，其中辽宁鞍山、河北迁安等地的铁矿资源储量丰富，但品位相对较低，开采成本较高。而部分偏远地区的铁矿资源虽然品位较高，但由于交通不便、基础设施落后等原因，难以得到有效开发和利用。

此外，部分金属矿产资源的分布区域较为集中，使得开采和利用受到地域限制。这种地域限制可能导致局部地区的生态环境压力增大。例如，我国稀土资源主要分布在内蒙古、江西、广东、四川等地，这些地区的稀土开采活动对当地生态环境造成了较大影响。

由于地质条件的复杂性和资源分布的不均衡性，我国金属矿产资源的供需矛盾日益突出。一方面，随着工业化和城镇化的加速推进，我国对金属矿产资源的需求量不断增加；另一方面，国内金属矿产资源的供应能力却难以满足日益增长的需求。这种供需矛盾不仅体现在总量上，还体现在品种和结构上。

二、技术水平与开采能力

金属矿产资源的开采和利用需要较高的技术水平。然而，我国金属矿山企业技术水平参差不齐，发展不平衡，这是影响我国金属矿产资源安全的又一重要因素。

（一）技术水平参差不齐

我国金属矿山企业的技术水平存在显著差异。一些大型国有矿山企业拥有先进的勘查、开采和加工技术，能够高效、环保地开发利用金属矿产资源。然而，小型矿山企业由于资金、技术、人才等方面的限制，生产设计不规范，开采方式落后，装备水平低，导致资源开采效率低下，资源浪费严重。例如，一些小型铁矿企业采用传统的露天开采方式，不仅开采效率低，而且对周边生态环境造成了严重破坏。

随着金属矿产资源开采深度的增加，地下开采环境越来越复杂，对开采技术的要求越来越高。深部开采面临高温、高压、高应力、高渗透压等极端地质条件。这些挑战对金属矿山企业的技术水平和管理能力提出了更高的要求。

（二）开采能力受限

由于技术水平参差不齐和开采难度不断加大，我国金属矿山企业的开采能力受到较大限制。一方面，部分小型矿山企业由于开采方式落后、装备水平低等原因，难以提高开采效率；另一方面，一些大型国有矿山企业虽然拥有先进的技术和装备，但由于地质条件复杂、开采成本高等原因，也难以充分发挥其开采能力。这种开采能力受限的状况不仅影响了我国金属矿产资源的供应能力，还可能导致资源浪费和生态环境破坏。

三、资源循环利用与环保要求

在资源日益紧张和环境压力不断加大的背景下，金属矿产资源的循环利用成为保障资源安全的重要途径。然而，我国金属资源循环利用产业尚处于起步阶段，存在创新不足、技术水平受限、产业布局不优等问题。同时，随着环保要求的不断提高，金属矿产资源的开采和利用需要更加注重环境保护，这使得部分传统开采方式面临淘汰，增加了资源供应的不确定性。

（一）我国金属资源循环利用产业尚处于起步阶段

我国金属资源循环利用产业起步较晚，尚未形成完整的产业体系。一方面，金属资源循环利用技术水平相对较低，缺乏关键技术和核心装备；另一方面，金属资源循环利用产业规模较小，难以形成规模效应和集聚效应。此外，金属资源循环利用产业还存在政策不完善、市场机制不健全等问题，制约了其快速发展。

1. 技术创新不足与技术水平受限

技术创新是推动金属资源循环利用产业发展的关键因素。然而，我国金属资源循环利用产业在技术创新方面还存在不足。一方面，企业研发投入不足，缺乏自主创新能力；另一方面，企业与科研机构、高校之间的产学研合作不够紧密，难以形成协同创新机制。这导致我国金属资源循环利用产业在关键技术、核心装备等方面存在短板，难以在国际竞争中取得优势。此外，部分传统开采方式由于技术水平受限，难以实现金属资源的有效回收和循环利用。

2. 产业布局不优

我国金属资源循环利用产业的布局存在不合理现象。一方面，部分地区的金属资源循环利用产业过于集中，导致资源竞争激烈、环境污染严重；另一方面，部分地区的金属资源循环利用产业相对薄弱，难以满足当地金属资源循环利用的需求。这种产业布局不优的状况不仅影响了金属资源循环利用产业的发展效率和质量，还可能导致资源浪费和生态环境的破坏。

（二）环保要求不断提高

随着环保要求的不断提高，金属矿产资源的开采和利用需要更加注重环境保护。一方面，政府加大了对金属矿山企业的环保监管力度，要求企业采取更加环保的开采方式和治理措施；另一方面，社会公众对金属矿山企业的环保要求也越来越高，要求企业在追求经济效益的同时更加注重社会效益和环境效益。然而，部分传统开采方式由于环保水平较低、治理成本较高等原因，难以满足当前的环保要求。这导致部分金属矿山企业面临淘汰或转型升级的压力，增强了资源供应的不确定性。

四、国际市场与供应链安全

我国金属矿产资源对国际市场的依赖程度较高。国际市场的价格波动、贸易政策变化以及地缘政治风险等因素都可能对我国金属矿产资源的供应造成影响。此外，供应链的安全稳定也是保障我国金属矿产资源安全的重要因素。供应链中的任何环节出现问题，都可能导致资源供应中断，影响我国金属矿产资源的安全。

（一）对国际市场的依赖程度高

我国金属矿产资源对国际市场的依赖程度较高。一方面，我国部分金属矿产资源的储量相对不足或品位较低，难以满足国内需求；另一方面，我国金属矿山企业的开采能力和技术水平相对有限，难以满足国内市场的全部需求。因此，我国需要从国际市场进口大量金属矿产资源。然而，国际市场的价格波动、贸易政策变化以及地缘政治风险等因素都可能对我国金属矿产资源的供应造成影响。例如，当国际市场上金属矿产资源价格大幅上涨时，我国金属矿山企业的进口成本将大幅增加；当国际贸易政策发生变化时，我国金属矿山企业的进口渠道可能受到限制；当地缘政治风险加剧时，我国金属矿山企业的进口安全可能受到威胁。

1. 价格波动影响供应稳定性

国际市场的价格波动是影响我国金属矿产资源供应稳定性的重要因素之一。金属矿产资源的价格受多种因素的影响，包括供需关系、地缘政治风险、货币政策等。当国际市场上的金属矿产资源供不应求时，价格将大幅上涨；当地缘政治风险加剧时，价格也可能出现大幅波动。这种价格波动不仅增加了我国金属矿山企业的进口成本，还可能影响我国金属矿产资源的供应稳定性。例如，当国际市场上的金属矿产资源价格大幅上涨时，我国金属矿山企业可能面临进口成本增加、利润下降的压力；当价格大幅下跌时，我国金属矿山企业可能面临库存积压、资金周转困难的问题。

2. 贸易政策变化带来不确定性

国际贸易政策的变化也是影响我国金属矿产资源供应安全的重要因素之一。近年来，随着全球贸易保护主义的抬头和地缘政治风险的加剧，国际贸易政策的不确定性不断增强。一些国家为了保护本国产业，采取了一系列贸易限制措施，如提高关税、实施配额限制等。这些贸易限制措施对我国金属矿山企业的进口活动产生了较大影响。此外，一些国家还可能采取其他形式的贸易壁垒措施，如技术壁垒、绿色壁垒等，进一步增加了我国金属矿山企业进口金属矿产资源的难度。

3. 地缘政治风险威胁供应安全

地缘政治风险是影响我国金属矿产资源供应安全的另一重要因素。地缘政治风险包括战争、冲突、政治动荡等多种形式。这些风险可能导致金属矿产资源供应中断或价格波动，对我国金属矿产资源的安全造成威胁。例如，当某地区发生战争或冲突时，该地区的金属矿产资源开采和运输活动可能受到严重影响；当地缘政治风险加剧时，一些国家可能采取限制出口或提高关税等措施来保障本国资源的安全。这些风险都可能导致我国金属矿山企业的进口渠道受到限制或进口成本增加。

（二）供应链安全稳定至关重要

供应链的安全稳定是保障我国金属矿产资源安全的重要因素之一。供应链包括开采、加工、运输、销售等多个环节，任何一个环节出现问题都可能导致资源供应中断或价格波动。例如，当开采环节出现问题时，可能导致金属矿产资源供应不足；当加工环节出现问题时，可能影响金属矿产资源的品质和供应效率；当运输环节出现问题时，可能导致金属矿产资源运输延误或成本增加；当销售环节出现问题时，可能影响金属矿产资源的市场需求和价格水平。因此，加强供应链风险管理对于保障我国金属矿产资源的安全具有重要意义。

第二节　金属矿产资源安全评价的意义、具体实践、面临的挑战及其对策

一、金属矿产资源安全评价的意义

（一）为政府制定合理的资源开发政策提供坚实的数据支撑

金属矿产资源作为现代工业和经济发展的重要物质基础，其安全直接关系到国家的经济命脉和战略安全。在全球经济一体化日益加深的今天，金属矿产资源的稳定供应是国家经济持续健康发展的前提。通过安全评价，我们能够详细了解国内金属矿产资源的储量、品质及开采条件，为政府制定合理的资源开发政策提供坚实的数据支撑。

1. 储量评估：掌握资源家底

储量是评价金属矿产资源是否安全的首要指标。通过地质勘探和资源评估，我们可以准确掌握国内各类金属矿产资源的储量情况，包括已探明储量、潜在储量和远景储量。这些数据对于制定长远的资源开发策略至关重要。例如，我国虽然拥有丰富的金属矿产资源，但部分关键金属如铂族金属、钴、镍等的储量相对较少，且品位较低。通过安全评价，我们可以清晰地认识到这些资源的稀缺性，从而在政策制定上给予更多的关注和倾斜。

2. 品质分析：明确资源价值

金属矿产资源的品质直接关系到其经济价值和利用效率。通过安全评价，我们可以对各类金属矿产资源的品质进行详细分析，包括矿石的品位、有害杂质含量、可选性等。这些数据对于确定资源的开采顺序、冶炼工艺具有重要意义。例如，我国锂矿的平均品位相对较低，这在一定程度上增加了开采和加工的成本。通过安全评价，我们可以更加准确地评估锂矿资源的经济价值，为制定合理的开发策略提供依据。

3. 开采条件评估：确定资源可采性

开采条件是评价金属矿产资源是否安全的另一个重要方面。通过安全评价，我们可以对各类金属矿产资源的开采条件进行全面评估，包括元素的赋存状态、矿床的水文地质条件等。这些数据对于确定资源的可采性、制订开采方案和优化

开采布局具有重要意义。例如，我国部分金属矿产资源分布在地质条件复杂、开采难度较大的地区。通过安全评价，我们可以更加准确地评估这些资源的开采条件，为制订合理的开采方案提供依据。

（二）有助于践行可持续发展理念

可持续发展是现代经济社会发展的重要理念，也是金属矿产资源开发必须遵循的基本原则。通过安全评价，我们可以对金属矿产资源的开采和利用进行合理规划，有效避免资源浪费和环境破坏，促进经济、社会与环境和谐共生。

1. 合理规划资源开采

通过安全评价，我们可以根据各类金属矿产资源的储量、品质和开采条件，制订合理的开采计划。这不仅可以确保资源的稳定供应，还可以避免过度开采和资源浪费。例如，我国部分金属矿产资源的分布相对集中，且品位较高。通过安全评价，我们可以更加准确地评估这些资源的潜力，制订合理的开采计划，确保资源可持续利用。

2. 优化资源利用结构

通过安全评价，我们可以根据各类金属矿产资源的经济价值和市场需求，优化资源利用结构，提高资源的利用效率。例如，我国部分金属矿产资源虽然储量丰富，但品位较低，开采和加工成本较高。通过安全评价，我们可以更加准确地评估这些资源的经济价值，引导企业合理调整产品结构，提高资源的利用效率。

3. 加强环境保护和生态修复

通过安全评价，我们可以对金属矿产资源开采和利用过程中可能产生的环境问题进行全面评估，制定有效的环境保护和生态修复措施。这不仅可以减少环境污染，还可以促进经济、社会与环境的和谐共生。例如，我国部分金属矿产资源分布在生态环境脆弱地区。通过安全评价，我们可以更加准确地评估这些地区的环境承载能力和生态修复潜力，制定有效的环境保护和生态修复措施，确保资源可持续利用和生态环境持续改善。

（三）有助于维护国家资源安全和社会的整体稳定

资源安全是国家安全的重要组成部分，也是社会稳定的重要保障。通过安全评价，我们可以及时识别并解决资源开发中的问题，确保资源稳定供应，维护国家资源安全和社会的整体稳定。

1. 及时识别资源开发风险

及时识别资源开发风险是保障国家资源安全的前提。通过安全评价，我们可以对金属矿产资源的开采和利用过程中可能产生的风险进行全面评估，包括市场风险、技术风险、环境风险和社会风险等。这不仅可以为政府制定合理的风险管理政策提供依据，还可以为企业制定有效的风险防控措施提供指导。例如，针对我国部分金属矿产资源开采难度较大、开采成本较高的问题，我们可以通过技术创新和产业升级来降低开采成本和提高资源利用效率，从而有效防控市场风险和技术风险。

2. 加强资源供应保障

加强资源供应保障是维护社会稳定的前提。通过安全评价，我们可以全面了解国内金属矿产资源的状况和国际市场的需求，进而制订合理的资源开发计划。这不仅可以确保资源的稳定供应和市场的持续拓展，还可以维护社会的整体稳定。例如，针对我国部分金属矿产资源分布相对集中、供应风险较大的问题，我们可以通过建立多元化的供应渠道和储备体系来降低供应风险和提高供应保障能力。

3. 推动资源开发与环境保护协调发展

推动资源开发与环境保护协调发展是维护国家资源安全和社会整体稳定的重要途径。通过安全评价，我们可以对金属矿产资源的开采和利用过程中可能产生的环境问题进行全面评估，制定有效的环境保护和生态修复措施。这不仅可以减少开采和利用过程中的环境污染，还可以促进经济、社会与环境的和谐共生。例如，我国可以加大对金属矿产资源开采和利用过程中的环境监管和执法力度，推动资源开发与环境保护协调发展，实现经济效益、社会效益和环境效益的统一。

综上所述，通过全面评估国内金属矿产资源的状况，我们可以为政府制定合理的资源开发政策提供坚实的数据支撑，为企业制定有效的市场策略提供指导，为社会的持续稳定发展提供有力保障。因此，我们应该高度重视金属矿产资源安全评价工作，加强相关研究和实践探索，不断完善评价方法和体系，提高评价工作的科学性和准确性，为推动我国金属矿产资源的合理开发和利用做出积极贡献。

二、金属矿产资源安全评价的具体实践

（一）评价体系与方法的构建

金属矿产资源安全评价是一个复杂而系统的工程，需要构建科学合理的评价体系与方法。首先，我们需要明确评价的目标与原则；其次，我们需要选择合适

的评价指标与方法；最后，我们要建立评价模型和算法。我们需要对评价结果进行验证和分析，确保评价结果的准确性和可靠性。

1. 评价目标与原则

金属矿产资源安全评价的目标是为政府制定合理的资源开发政策提供数据支撑，为企业制定有效的市场策略提供指导，为社会的持续稳定发展提供有力保障。在评价过程中，我们需要遵循科学性、客观性、全面性和可操作性的原则，确保评价结果准确、可靠。

2. 评价指标与方法

金属矿产资源安全评价需要选择合适的评价指标与方法。评价指标可以包括储量、品质、开采条件、市场需求、环境影响等多个方面。评价方法可以采用定量分析和定性分析相结合的方法，如层次分析法、模糊综合评价法、数据包络分析法等。通过这些方法和工具的应用，我们可以对金属矿产资源的状况进行全面的评估和分析。

3. 评价模型与算法

在确定了评价指标与方法后，我们需要建立评价模型与算法。评价模型可以基于系统动力学、灰色系统理论等理论构建；同时，可以采用遗传算法、粒子群算法等优化算法来求解评价模型。通过这些模型和算法的应用，我们可以对金属矿产资源的状况进行定量分析和预测。

（二）政府对评价结果的运用

金属矿产资源安全评价的结果可以为政府制定合理的资源开发政策提供重要依据。政府可以根据评价结果了解国内金属矿产资源的状况和国际市场的需求情况，进而制定合理的供应保障措施。同时，政府还可以根据评价结果加大对金属矿产资源开采和利用过程中的监管和执法力度，推动资源开发与环境保护的协调发展。

1. 资源开发政策的制定

政府可以根据金属矿产资源安全评价的结果制定合理的资源开发政策。这些政策可以包括资源开发规划、开采许可制度等方面。通过制定合理的资源开发政策，政府可以引导企业合理开采和利用金属矿产资源，促进资源的可持续利用和经济的持续健康发展。

2. 供应保障措施的制定

政府还可以根据金属矿产资源安全评价的结果制定合理的供应保障措施。这些措施可以包括建立多元化的供应渠道、加强储备体系建设、推动国际交流与合作等方面。通过制定合理的供应保障措施，政府可以确保资源的稳定供应和市场的持续拓展，维护社会的整体稳定。

3. 监管与执法力度的加大

政府还可以根据金属矿产资源安全评价的结果，加大对金属矿产资源开采和利用过程中的监管和执法力度。通过加大监管和执法力度，政府可以规范企业的开采和利用行为，减少生态破坏行为的发生，推动资源开发与环境保护协调发展。

（三）企业对评价结果的运用

金属矿产资源安全评价的结果可以为企业制定有效的市场策略提供指导。企业可以根据评价结果了解国内金属矿产资源的状况和国际市场的需求情况，从而制定合理的市场策略。同时，企业还可以根据评价结果加快技术创新与产业升级，提高资源的利用效率和经济效益。

1. 市场策略的制定

企业可以根据金属矿产资源安全评价的结果制定合理的市场策略。这些策略可以包括市场定位、产品开发、营销策略等方面。通过制定合理的市场策略，企业可以更好地满足市场需求，进而提高企业的市场竞争力和盈利能力。

2. 技术创新与产业升级

企业还可以根据金属矿产资源安全评价的结果加快技术创新和产业升级。通过技术创新和产业升级，企业可以提高资源的利用效率和经济效益，降低开采和加工成本，提高企业的核心竞争力和可持续发展能力。例如，企业可以通过研发新的开采技术和选矿技术来提高金属矿产资源的回收率和品位；还可以通过开发新的冶炼技术和加工技术来提高金属产品的附加值和市场竞争力。

三、金属矿产资源安全评价面临的挑战及其对策

1. 面临的挑战

金属矿产资源安全评价面临着诸多挑战。这些挑战主要来自数据获取、评价方法、政策支持等方面。具体来说，我们可以将这些挑战归纳为以下几个方面。

（1）数据获取难度大

金属矿产资源安全评价需要大量数据的支持。然而，在实际操作中，我们往往面临着数据获取难度大的问题。一方面，部分金属矿产资源的勘探和开发工作尚未完成或正在进行，导致相关数据缺失或不完整；另一方面，部分国家和地区对金属矿产资源的勘探和开发数据进行保密或限制共享，导致我们无法获取全面的数据。

（2）评价方法不完善

金属矿产资源安全评价需要选择合适的评价方法。然而，在实际操作中，我们往往面临着评价方法不完善的问题。一方面，现有的评价方法可能无法全面准确地反映金属矿产资源的状况和需求情况；另一方面，新的评价方法和技术不断涌现，但尚未得到广泛应用和验证。

（3）政策支持不足

金属矿产资源安全评价需要得到政府和相关机构的支持。然而，在实际操作中，我们往往面临着政策支持不足的问题。一方面，政府和相关机构对金属矿产资源安全评价工作的重视程度不够高；另一方面，政府和相关机构在政策支持、资金投入、人才培养等方面存在不足和短板。

2. 对策

针对上述挑战，我们可以采取以下对策来完善金属矿产资源安全评价工作。

（1）加强数据共享与整合

为了完善金属矿产资源安全评价工作，我们需要加强数据共享与整合。一方面，我们可以推动国内相关机构和部门之间的数据共享与合作；另一方面，我们可以加强与国际组织和相关国家的交流与合作，共同推动金属矿产资源数据的共享与整合工作。通过加强数据共享与整合工作，我们可以获取更全面、更准确的数据，进而更好地支持金属矿产资源安全评价工作。

（2）完善评价方法

为了完善金属矿产资源安全评价工作，我们需要完善评价方法。一方面，我们可以通过借鉴国内外先进的评价方法来完善现有的评价体系；另一方面，我们可以通过鼓励和支持科研机构和企业开展相关研究和创新工作来推动新的评价方法的应用和推广。通过完善评价方法，我们可以提高金属矿产资源安全评价工作的科学性和准确性。

（3）加大政策支持力度

为了完善金属矿产资源安全评价工作，我们需要加大政策支持力度。一方面，政府和相关机构可以通过制定相关政策法规来明确金属矿产资源安全评价工作的地位和作用；另一方面，政府和相关机构可以通过加大资金投入和人才培养力度来支持金属矿产资源安全评价工作的开展和推广。

通过加强相关研究和实践探索工作，我们可以不断完善评价方法和体系、提高评价工作的科学性和准确性、为推动我国金属矿产资源的合理开发和利用做出积极贡献。同时，我们也需要正视金属矿产资源安全评价工作面临的挑战，并采取有效的对策来加强相关工作，确保评价结果准确、可靠。

第三节　金属矿产资源安全评价的过程

我国金属矿产资源安全评价的过程是一个复杂而系统的工程，它涵盖了从评价指标权重的确定到安全评价报告评审与备案等多个环节。这一过程旨在全面、准确地评估金属矿产资源在开采、利用过程中的安全性，为金属矿产资源的合理开发和利用提供科学依据和保障。以下是对我国金属矿产资源安全评价过程的详细阐述。

一、确定评价指标权重

在金属矿产资源安全评价过程中，首先需要确定各项评价指标的权重。这些指标是评价金属矿产资源安全性的关键要素，它们可能包括矿产资源的储量、开采条件、市场价值、安全风险等多个方面。权重的确定直接关系到评价结果的准确性和可靠性，因此必须采用科学、合理的方法。

（一）评价指标的选择

评价指标的选择是确定权重的前提。在选择评价指标时，应充分考虑金属矿产资源的特性、开采方式、地质条件以及市场需求等因素。例如，对于稀有金属矿产，其市场价值和开采难度可能是重要的评价指标；而对于常见金属矿产，其储量和开采条件则可能更为关键。此外，还应考虑地质环境对开采活动的影响，如地质灾害风险、地下水污染等。

（二）权重确定方法

权重的确定通常基于专家打分法、统计分析法或德尔菲法等方法。专家打分法是通过邀请相关领域的专家对各项指标进行打分，然后根据打分结果确定权重。这种方法简单易行，但受专家主观意见的影响。统计分析法则是利用历史数据或现有数据对各项指标进行统计分析，通过计算各项指标之间的相关性或重要性来确定权重。这种方法相对客观，但需要大量数据的支持。德尔菲法是一种结合了专家打分法和统计分析法的方法，它通过多轮匿名咨询专家意见，逐步收敛专家意见，最终确定权重。这种方法既考虑了专家的主观意见，又通过统计分析提高了权重的客观性。

在实际操作中，可以根据具体情况选择合适的权重确定方法。例如，对于缺乏历史数据的金属矿产资源，可以采用专家打分法或德尔菲法；而对于有丰富历史数据的金属矿产资源，则可以采用统计分析法或结合德尔菲法进行权重确定。

（三）权重确定的重要性

权重的确定对评价结果具有重要影响。如果权重分配不合理，可能会导致评价结果偏离实际情况，甚至得出错误的结论。因此，在确定权重时，必须充分考虑各项指标的重要性和相关性，确保权重的科学性和合理性。

二、收集与评价对象相关的数据资料

在确定了评价指标权重后，接下来需要收集与评价对象相关的数据资料。这些数据资料是后续评价工作的基础，它们应全面、准确地反映金属矿产资源的实际情况。

（一）数据资料来源

数据资料可能来源于多个方面，包括地质勘探报告、开采计划、市场分析报告、安全风险评估报告等。地质勘探报告提供了金属矿产资源的储量、品位、地质构造等基本信息；开采计划则详细描述了开采方式、开采进度、开采成本等；市场分析报告则分析了金属矿产资源的市场需求、价格趋势等；安全风险评估报告则对开采过程中可能存在的安全风险进行了详细评估。

（二）数据资料收集方法

数据资料的收集方法多种多样，包括现场调查、资料查阅、专家咨询等。现场调查是获取第一手资料的重要途径，通过实地考察金属矿产资源的开采现场，可以直观地了解开采条件、地质环境等情况。资料查阅则是通过查阅相关文献资料、统计数据等获取所需信息。专家咨询则是通过邀请相关领域的专家进行咨询，获取专业意见和建议。

在实际操作中，应根据具体情况选择合适的数据资料收集方法。例如，对于新发现的金属矿产资源，可能需要通过现场调查和资料查阅相结合的方式获取数据资料；而对于已有开采历史的金属矿产资源，则可能更多地依赖于资料查阅和专家咨询。

（三）数据资料的整理与分析

收集到的数据资料需要进行整理和分析，以便为后续的评价工作提供支持。整理工作包括对数据资料进行分类、归档、编码等，以便于后续查询和使用。分析工作则是对数据资料进行统计分析、趋势分析、相关性分析等，以揭示数据资料背后的规律和特征。

三、危险、有害因素识别与分析

在收集了与评价对象相关的数据资料后，接下来需要识别和分析生产过程中可能存在的危险、有害因素。这些因素可能对金属矿产资源的开采和利用造成严重影响，因此必须进行全面、细致的分析。

（一）危险、有害因素识别方法

危险、有害因素的识别方法多种多样，包括现场观察、事故案例分析、专家咨询等。现场观察是通过实地考察金属矿产资源的开采现场，观察生产过程中可能存在的危险、有害因素。事故案例分析则是通过分析历史事故案例，总结事故发生的规律和特征，识别出可能存在的危险、有害因素。专家咨询则是通过邀请相关领域的专家进行咨询，获取专业意见和建议。

在实际操作中，应根据具体情况选择合适的危险、有害因素识别方法。例如，对于新发现的金属矿产资源，可能需要通过现场观察和专家咨询相结合的方式识别危险、有害因素；而对于已有开采历史的金属矿产资源，则可能更多地依赖于事故案例分析和专家咨询。

（二）危险、有害因素分析方法

识别出危险、有害因素后，需要对其进行详细的分析，以确定其存在的部位、存在的方式以及可能引发的事故类型和后果。分析方法包括故障树分析、事件树分析、危险与可操作性研究（HAZOP）等。故障树分析是一种从结果到原因的逻辑推理方法，它通过构建故障树模型，分析事故发生的原因和过程。事件树分析则是一种从原因到结果的逻辑推理方法，它通过构建事件树模型，分析事故发生的可能性和后果。HAZOP 则是一种针对工艺过程的安全分析方法，它通过识别工艺过程中的危险和有害因素，提出改进措施和建议。

在实际操作中，应根据具体情况选择合适的危险、有害因素分析方法。例如，对于复杂的金属矿产资源开采项目，可能需要采用故障树分析和事件树分析相结合的方法；而对于简单的开采项目，则可能更多地依赖于 HAZOP 等单一方法进行分析。

（三）危险、有害因素分析结果的应用

危险、有害因素的分析结果对后续的评价工作具有重要意义。通过详细地分析，我们可以确定危险、有害因素的存在部位、存在方式以及可能引发的事故类型和后果，为制定安全对策、措施提供科学依据；同时，还可以根据分析结果对开采工艺、安全管理等方面提出改进建议，以降低或消除金属矿产资源开采过程中的安全风险。

四、划分评价单元

对于复杂的金属矿产资源开采项目，可以按照不同的生产系统、开采水平、生产工艺功能等划分评价单元。每个评价单元应相对独立，便于进行危险、有害因素的识别和危险度评价。

（一）评价单元划分原则

评价单元的划分应遵循以下原则：一是相对独立性原则，即每个评价单元应相对独立，与其他评价单元之间不存在明显的相互影响；二是代表性原则，即每个评价单元应能够代表整个开采项目的某个方面或某个环节；三是可操作性原则，即评价单元的划分应便于进行危险、有害因素的识别和危险度评价。

（二）评价单元划分方法

评价单元的划分方法多种多样，包括按生产系统划分、按开采水平划分、按生产工艺功能划分等。按生产系统划分是将整个开采项目按照不同的生产系统划分为多个评价单元，如采矿系统、选矿系统、冶炼系统等。按开采水平划分是将整个开采项目按照不同的开采水平划分为多个评价单元，如地表开采、地下开采等。按生产工艺功能划分则是将整个开采项目按照不同的生产工艺功能划分为多个评价单元，如破碎、磨矿、浮选等。

在实际操作中，应根据具体情况选择合适的评价单元划分方法。例如，对于复杂的金属矿产资源开采项目，可能需要采用按生产系统和按开采水平相结合的方法进行评价单元划分；而对于简单的开采项目，则可能更多地依赖于按生产工艺功能进行划分。

（三）评价单元的应用

划分出的评价单元在后续的评价工作中具有重要意义。通过对每个评价单元进行危险、有害因素的识别和危险度评价，我们可以全面了解整个开采项目的安全状况；同时，还可以根据评价结果对每个评价单元提出针对性的安全对策、措施及建议，以提高整个开采项目的安全性。

五、定性、定量评价

在划分出评价单元后，接下来需要采用科学、合理、适用的方法对识别出的危险、有害因素进行定性、定量评价。通过评价，我们可以给出事故发生的致因因素、影响因素及其危险度，为制定安全对策、措施提供科学依据。

（一）定性评价方法

定性评价方法是对危险、有害因素进行描述性分析的方法。它主要通过对危险、有害因素的存在部位、存在方式以及可能引发的事故类型和后果进行描述和分析，来评估其危险程度。定性评价方法包括安全检查表法、专家打分法、预先危险性分析（PHA）等。安全检查表法是一种通过编制安全检查表来识别和评价危险、有害因素的方法；专家打分法则是通过邀请相关领域的专家对危险、有害因素进行打分来评估其危险程度；PHA 则是一种在系统设计阶段对系统可能存在的危险进行预先分析的方法。

在实际操作中，应根据具体情况选择合适的定性评价方法。例如，对于新发现的金属矿产资源开采项目，可能需要采用安全检查表法和专家打分法相结合的方法进行定性评价；而对于已有开采历史的金属矿产资源开采项目，则可能更多地依赖于 PHA 等方法进行预先危险性分析。

（二）定量评价方法

定量评价方法是对危险、有害因素进行量化分析的方法。它主要通过对危险、有害因素的概率、频率、后果等进行量化分析，来评估其危险程度。定量评价方法包括故障树分析法、事件树分析法、风险矩阵法等。故障树分析法是一种通过构建故障树模型对事故发生的概率和后果进行量化分析的方法；事件树分析法则是一种通过构建事件树模型对事故发生的可能性和后果进行量化分析的方法；风险矩阵法则是一种将危险、有害因素的概率和后果进行组合分析来评估其危险程度的方法。

在实际操作中，应根据具体情况选择合适的定量评价方法。例如，对于复杂的金属矿产资源开采项目，可能需要采用故障树分析法和事件树分析法相结合的方法进行定量评价；而对于简单的开采项目，则可能更多地依赖于风险矩阵法等单一方法进行量化分析。

（三）定性、定量评价结果的结合应用

定性评价和定量评价各有优缺点，因此在实际操作中通常需要将两者结合起来应用。我们通过定性评价可以全面了解危险、有害因素的存在部位、存在方式以及可能引发的事故类型和后果；通过定量评价则可以进一步量化评估其危险程度。将两者结合起来应用可以更全面、准确地评估金属矿产资源的安全性，为制定安全对策、措施提供科学依据。

六、提出安全对策措施及建议

根据评价结果，需要提出针对性的安全对策措施及建议。这些措施和建议可能包括改进开采工艺、加强安全管理、提高员工安全意识等方面。通过实施这些措施，我们可以降低或消除金属矿产资源开采过程中的安全风险。

（一）改进开采工艺

改进开采工艺是提高金属矿产资源开采安全性的重要途径之一。采用先进的开采技术和设备，可以提高开采效率和质量，降低开采过程中的安全风险。例如，采用机械化开采代替人工开采可以减少人员伤亡事故；采用环保型开采技术可以减少对环境的污染和破坏。

在实际操作中，应根据具体情况选择合适的开采工艺改进方案。例如，对于深部开采的金属矿产资源，可能需要采用高效、低能耗的开采技术和设备；而对于浅表开采的金属矿产资源，则可能更多地依赖于机械化开采和环保型开采技术。

（二）加强安全管理

加强安全管理是提高金属矿产资源开采安全性的重要保障之一。建立健全安全管理制度和体系，可以规范开采过程中的各项行为，降低安全风险。例如，建立健全安全生产责任制可以明确各级管理人员的安全职责；建立健全安全检查制度可以及时发现和消除安全隐患。

在实际操作中，应根据具体情况选择合适的安全管理加强方案。例如，对于新发现的金属矿产资源开采项目，可能需要建立全面的安全管理制度和体系；而对于已有开采历史的金属矿产资源开采项目，则可能更多地依赖于对现有安全管理制度的完善和优化。

（三）提高员工的安全意识

提高员工的安全意识是提高金属矿产资源开采安全性的重要基础之一。加强安全教育和培训，可以提高员工对安全生产的认识和重视程度，减少人为因素导致的安全事故。例如，定期开展安全教育培训可以提高员工的安全意识和操作技能；建立健全安全奖惩制度可以激励员工积极参与安全生产工作。

在实际操作中，应根据具体情况选择合适的员工安全意识提高方案。例如，对于新入职的员工，可能需要加强基础安全教育和培训；而对于老员工，则可能更多地依赖于定期的安全再教育和培训。

（四）综合应用安全对策措施及建议

在实际操作中，应根据评价结果将上述安全对策措施及建议综合应用起来。通过采用改进开采工艺、加强安全管理、提高员工的安全意识等方面的综合措施，我们可以全面提高金属矿产资源开采的安全性。同时，还应根据具体情况对措施和建议进行动态调整和优化，以确保其有效性和适应性。

七、形成安全评价结论及报告

在提出安全对策措施及建议后，需要简要地列出主要危险、有害因素的评价结果，指出应重点防范的重大危险、有害因素；明确金属矿产资源开采项目是否符合有关安全生产的法律法规和技术标准要求，以及安全管理模式是否适应安全生产要求；编制安全评价报告，将评价过程、方法、结果及建议等详细记录在内。

（一）安全评价结论的撰写

安全评价结论是对整个评价工作的总结和概括。在撰写安全评价结论时，应简要地列出主要危险、有害因素的评价结果，并指出应重点防范的重大危险、有害因素。同时，还应明确金属矿产资源开采项目是否符合有关安全生产的法律法规和技术标准要求，以及安全管理模式是否适应安全生产要求。安全评价结论应客观、准确、简洁明了，以便于相关人员理解和应用。

（二）安全评价报告的编制

安全评价报告是整个评价工作的最终成果之一。在编制安全评价报告时，应将评价过程、方法、结果及建议等详细记录在内。报告内容应包括评价目的、评价范围、评价方法、评价结果、安全对策措施及建议等部分。报告格式应规范、统一，以便于相关人员查阅和使用。

在实际操作中，应根据具体情况选择合适的报告编制方案。例如，对于复杂的金属矿产资源开采项目，可能需要编制详细的安全评价报告；而对于简单的开采项目，则可能更多地依赖于简洁明了的报告形式。

（三）安全评价结论及报告的应用

安全评价结论及报告在后续的工作中具有重要意义。它们可以为金属矿产资源的合理开发和利用提供科学依据和保障；可以为相关部门制定安全政策和标准提供参考；还可以为相关企业制定安全管理制度和措施提供依据。因此，在编制安全评价结论及报告时，应确保其客观、准确、全面、实用。

八、安全评价报告评审与备案

在编制完安全评价报告后，需要将其送交有关单位进行技术评审。专家评审组将提出书面评审意见，评价单位根据审查意见修改、完善安全评价报告。最终，将完善后的安全评价报告报送当地金属矿产资源安全监察机构备案。

（一）专家评审组的组成与职责

专家评审组应由相关领域的专家组成，他们应具有丰富的实践经验和专业知识。专家评审组的职责是对安全评价报告进行技术评审，提出书面评审意见。评审意见应客观、准确、全面，以便于评价单位根据审查意见修改、完善安全评价报告。

（二）评审意见的处理与反馈

评价单位在收到专家评审组的书面评审意见后，应认真对待并及时处理。对于评审意见中提出的问题和建议，评价单位应逐一进行核实和修改，并将修改情况及时反馈给专家评审组。同时，评价单位还应根据评审意见对评价报告进行完善和优化，以提高其质量和实用性。

（三）安全评价报告的备案

在对安全评价报告进行修改、完善后，评价单位应将其报送当地金属矿产资源安全监察机构备案。备案的目的是确保安全评价报告的合法性和有效性，并为后续的安全监管工作提供依据。备案过程中，评价单位应按照规定提交相关材料，并接受当地金属矿产资源安全监察机构的审核和监督。

通过以上步骤，我国金属矿产资源安全评价工作得以全面、系统地进行。这一过程不仅为金属矿产资源的合理开发和利用提供了科学依据和保障，还为相关部门制定安全政策和标准、相关企业制定安全管理制度和措施提供了重要参考。同时，专家评审和备案等环节的严格把关，还可以确保安全评价报告的客观性和准确性，为金属矿产资源的安全生产提供有力支持。

第四节　金属矿产资源安全监测与预警指标体系

金属矿产资源安全度是一个相对指标，国家是否采取金属矿产资源安全对策以及在多大程度上进行干预，主要取决于我国金属矿产资源风险对社会经济的影响程度以及国家采取的金属矿产资源安全保障手段和保障力度。从这个意义上讲，我国金属矿产资源安全的检测与预警指标是人为设定的。金属矿产资源安全监测与预警指标体系主要包括以下内容。

一、监测预警内容

金属矿产资源安全监测预警内容涵盖单品种监测预警和总体监测预警两个方面。单品种监测预警主要关注某一特定金属矿产资源的供应状况、市场需求、价格波动以及相关政策变化等因素，以评估该金属矿产资源的安全状况。总体监测预警则是在单品种监测预警的基础上，综合考虑多种金属矿产资源的综合影响，评估整个金属矿产资源体系的安全状况。

监测预警的指标分为长期战略指标和短期市场指标。长期战略指标主要关注金属矿产资源的可持续供应能力、资源储备量、勘查开发潜力以及环境保护等因素，这些指标对于制定长期资源战略和政策具有重要意义。短期市场指标则主要关注金属矿产资源的市场价格、供需平衡、国际贸易状况以及市场参与者行为等因素，这些指标对于及时应对市场波动和潜在风险具有重要作用。

二、监测指标的确定

监测指标的选取是构建金属矿产资源安全监测与预警指标体系的关键步骤。在选取监测指标时，需要遵循以下原则。

①风险来源导向：监测指标的选取应紧密围绕我国金属矿产资源安全风险的来源，确保指标能够准确反映潜在风险的变化情况。

②信息易获取性：监测指标的信息应易于获取和量化，以便进行实时监测和预警。同时，指标数据的来源应可靠、准确，确保预警结果的客观性和可信度。

③全面性：监测指标体系应涵盖金属矿产资源安全的各个方面，包括资源供

应、市场需求、价格波动、政策变化以及环境保护等，确保能够全面反映金属矿产资源的安全状况。

④科学性：监测指标的选取应基于科学的方法和理论，确保指标体系的科学性和合理性。同时，指标的计算方法和权重分配也应经过严格论证和检验。

按照指标性质，金属矿产资源安全监测指标可分为金属矿产资源战略安全风险指标、金属矿产资源市场安全风险指标和金属矿产资源突发性事件监测指标三类。

（一）金属矿产资源战略安全风险指标

①资源储备量：反映国家金属矿产资源的总量和潜力，是评估资源可持续供应能力的重要指标。资源储备量越大，资源供应的稳定性越高，安全风险越低。

②勘查开发潜力：评估国家金属矿产资源的勘查开发潜力和技术水平，包括勘查投入、勘查成果、开发技术以及开采效率等因素。勘查开发潜力越大，资源供应的可持续性越强。

③资源分布集中度：反映金属矿产资源在地理空间上的分布状况，包括资源集中程度、区域分布差异以及主要产区稳定性等因素。资源分布集中度越高，资源供应的风险越大。

④资源利用效率：评估国家金属矿产资源的利用效率和管理水平，包括资源回收率、综合利用率以及废弃物处理等因素。资源利用效率越高，资源供应的可持续性越强。

⑤环境保护压力：评估金属矿产资源开发对生态环境的影响程度以及环境保护政策的实施效果，包括环境污染、生态破坏以及环境保护投入等因素。环境保护压力越大，资源供应的风险越大。

（二）金属矿产资源市场安全风险指标

①市场价格波动：反映金属矿产资源市场价格的波动情况，包括价格涨跌幅度、价格波动频率以及价格稳定性等因素。市场价格波动越大，市场风险越高。

②供需平衡状况：评估金属矿产资源的供需平衡状况，包括供应量、需求量、供需缺口以及供需结构等因素。供需平衡状况越差，市场风险越高。

③国际贸易状况：评估金属矿产资源的国际贸易状况，包括进出口量、贸易伙伴、贸易壁垒以及国际贸易摩擦等因素。国际贸易状况越不稳定，市场风险越高。

④市场参与者行为：评估市场参与者的行为模式和决策过程，包括投机行为、囤积居奇以及市场操纵等因素。市场参与者行为越不规范，市场风险越高。

⑤政策变化影响：评估相关政策变化对金属矿产资源市场的影响程度，包括政策调整、政策执行力度以及政策效果等因素。政策变化影响越大，市场风险越高。

（三）金属矿产资源突发性事件监测指标

①地质灾害风险：评估金属矿产资源开发过程中可能遭遇的地质灾害风险，包括地震、滑坡、泥石流以及地面塌陷等因素。地质灾害风险越大，资源开发的安全性越低。

②安全生产事故：评估金属矿产资源开发过程中的安全生产事故情况，包括事故数量、事故类型、事故损失以及事故原因等因素。安全生产事故越多，资源开发的安全性越低。

③环境污染事件：评估金属矿产资源开发过程中的环境污染事件情况，包括污染类型、污染程度、污染范围以及污染影响等因素。环境污染事件越严重，资源开发的环境风险越高。

④国际贸易冲突：评估国际贸易冲突对金属矿产资源供应的影响程度，包括贸易战、贸易壁垒以及贸易制裁等因素。国际贸易冲突越激烈，资源供应的风险越高。

⑤地缘政治风险：评估地缘政治风险对金属矿产资源供应的影响程度，包括地区冲突、政治动荡以及外交关系紧张等因素。地缘政治风险越大，资源供应的风险越高。

三、预警体系构建

预警体系是指根据系统外部环境及内部条件的变化，对系统未来的不利事件或风险进行预测和报警。它直接关系到预警结果的准确性和有效性。

从性质上，预警体系可分为经济预警与非经济预警。经济预警主要关注金属矿产资源市场的经济因素变化，如价格波动、供需平衡以及国际贸易状况等；非经济预警则主要关注非经济因素的变化，如地质灾害风险、安全生产事故以及环境污染事件等。这两种预警方式相互补充，共同构成了预警体系的完整框架。

从范围上，预警体系可分为宏观预警与微观预警。宏观预警主要关注整个金属矿产资源体系的安全状况，包括多种金属矿产资源的综合影响；微观预警则主要关注某一特定金属矿产资源的安全状况，如铜、铝、锌等单一金属矿产资源的供应风险。这两种预警方式各有侧重，共同为政策制定提供全面支持。

从时间上，预警体系可分为短期预警与长期预警。短期预警主要关注金属矿产资源市场的短期波动和潜在风险，以便及时采取应对措施；长期预警则主要关注金属矿产资源的长期战略风险，如资源储备量、勘查开发潜力以及环境保护压力等。这两种预警方式相互配合，共同确保金属矿产资源的安全供应。预警体系主要包括以下几个方面的内容。

（一）预警指标的选择和确定

预警指标的选择和确定是构建预警体系的第一步。在选择预警指标时，需要综合考虑金属矿产资源安全风险的来源、指标信息的易获取性以及指标体系的全面性和科学性等因素。科学合理的指标选择和确定过程可以确保预警结果的准确性和有效性。

（二）警限界定

警限界定是指确定预警指标的安全阈值或风险阈值。当预警指标的值超过或低于这些阈值时，系统将发出预警信号。警限的界定需要考虑多种因素，包括历史数据、行业标准、政策要求以及专家意见等。科学合理的警限界定过程可以确保预警信号的及时性和准确性。

（三）报警

报警是指当预警指标的值超过或低于警限时，系统发出的预警信号。报警方式可以包括声音报警、灯光报警、短信报警以及邮件报警等多种形式。及时有效的报警机制可以确保相关部门和人员能够迅速响应并采取措施应对潜在风险。

（四）预警方法

预警方法是指用于预测和评估金属矿产资源安全风险的具体技术和方法。常见的预警方法包括统计分析法、模型预测法以及专家判断法等。这些方法各有优缺点，需要根据实际情况选择合适的方法进行预警分析。同时，还可以结合多种方法进行综合分析，以提高预警结果的准确性和可靠性。

在构建预警体系时，还需要注意以下几个方面的问题。

①数据质量：预警体系依赖于高质量的数据支持。因此，需要确保数据来源的可靠性和准确性，并对数据进行严格的质量控制和校验。

②模型选择：预警模型的选择对于预警结果的准确性至关重要。需要根据实际情况选择合适的模型进行预警分析，并对模型进行充分的验证和测试。

③系统更新：随着金属矿产资源市场环境和政策环境的改变，预警体系也需要不断更新和完善。需要定期对预警指标、警限以及预警方法进行评估和调整，

以确保预警体系的时效性和有效性。

④人才培养：预警体系的构建和运营需要专业人才的支持。因此，需要加强相关人才的培养和引进工作，提高预警体系的专业化水平。

通过构建完善的金属矿产资源安全监测与预警指标体系，我们可以及时、准确地掌握我国金属矿产资源的开发利用状况和安全风险。这不仅可以为制定科学合理的金属矿产资源安全战略提供有力支撑，还可以为相关部门和人员提供决策参考和行动指南。具体来说，这一体系的作用主要体现在以下几个方面。

①提前预警潜在风险：通过实时监测和预警金属矿产资源安全风险的变化情况，可以提前发现潜在风险并采取应对措施，避免风险扩大和升级。

②优化资源配置：根据预警结果和风险评估情况，可以优化金属矿产资源的配置和利用方式，提高资源利用效率和经济效益。

③促进国际合作：与国际社会共享预警信息并进行经验交流，可以促进国际合作，共同应对全球金属矿产资源安全挑战。

综上所述，构建完善的金属矿产资源安全监测与预警指标体系对于保障我国金属矿产资源的安全供应具有重要意义。我们需要不断加强相关研究和探索工作，为推动我国金属矿产资源产业的可持续发展做出积极贡献。

第五章　金属矿产资源安全供给的国际经验与本土路径

本章将探讨金属矿产资源安全供给的国际经验与本土路径，从国际经验与本土路径两个维度进行深入分析。在全球资源竞争日益激烈的背景下，确保金属矿产资源的安全供给对国家经济发展至关重要。

第一节　金属矿产资源安全供给的国际经验

金属矿产资源安全供给是指一个国家或地区为满足其经济发展和产业转型升级的需要，提供可靠、经济、持续稳定的金属矿产资源供应，同时确保资源的开发和利用不以牺牲生态环境和可持续发展为代价。当前，全球金属矿产资源分布不均，部分国家高度依赖进口，面临着资源供应不稳定、价格波动大等风险，因此保障金属矿产资源的安全供给已成为各国政府和企业关注的焦点。

一、全球金属矿产资源安全供给面临的挑战

金属矿产资源是现代社会经济发展的基石，广泛应用于建筑、交通、能源、电子、通信、航空航天等多个领域。随着经济全球化和工业化的加速推进，各国对金属矿产资源的需求持续增长，其安全供给直接关系到国家经济安全、产业链供应链稳定以及可持续发展目标的实现。一旦金属矿产资源供应出现短缺或中断，将对国家经济造成巨大冲击，甚至引发社会动荡。因此，深入探讨全球金属矿产资源安全供给面临的挑战，对于制定科学的应对策略具有重要意义。

（一）全球金属矿产资源分布不均

在全球经济一体化的背景下，金属矿产资源作为工业发展的重要基石，其分布不均的问题日益凸显，对各国资源安全供给构成了严峻挑战。

1. 资源分布的不均衡性

全球金属矿产资源的分布呈现出较强的不均衡性。这种不均衡性不仅体现在不同国家之间，也体现在不同矿种之间。

以黄金为例，南非、澳大利亚、俄罗斯、美国、加拿大和中国等少数国家拥有世界上绝大部分的黄金储量。其中，南非的金矿资源尤为丰富，其储量曾一度占据全球总量的一半以上。这种资源的高度集中使得南非在全球黄金市场中占据了举足轻重的地位，其产量的变化能够直接影响全球黄金的供应和价格。

类似地，在关键金属如锂、钴、镍等方面，资源也高度集中于少数几个国家。例如，刚果（金）是全球钴产量最高的国家，其产量占全球总产量的近 2/3。钴是一种重要的战略金属，广泛应用于电池、超级合金、催化剂等领域，对新能源汽车、航空航天等高科技产业的发展具有至关重要的作用。刚果（金）对钴资源的垄断使得其在全球资源博弈中占据了有利地位，能够通过控制资源出口来影响国际市场价格。

澳大利亚和智利则是锂的主要生产国，两国合计产量占全球总产量的相当大的比例。锂是一种轻质金属，被誉为“白色石油”，是电动汽车、储能电池等新能源产业的核心原材料。随着全球新能源产业的蓬勃发展，各国对锂资源的需求持续增长，澳大利亚和智利在全球锂资源市场中的地位也日益凸显。

此外，还有其他一些关键金属如铜、铝、锌等，其资源分布也呈现出不均衡性。例如，智利是全球最大的铜生产国，其铜储量占全球总储量的近 1/3；而中国则是全球最大的铝生产国，其铝产量占全球总产量的超过一半。

这种资源分布的不均衡性导致了全球金属矿产资源的供应风险。资源丰富的国家往往能够通过控制资源出口来影响国际市场价格，从而在全球资源博弈中占据有利地位。同时，对于资源匮乏的国家而言，高度依赖进口不仅增加了经济成本，还使得资源供应的安全性受到严重威胁。特别是在全球政治经济形势复杂多变的背景下，资源供应的中断或价格波动都可能对相关国家的经济发展和社会稳定产生重大影响。

2. 资源分布不均的影响

全球金属矿产资源分布不均的影响是多方面的。

首先，它加剧了全球资源市场的波动性和不确定性。由于资源高度集中于少数几个国家，这些国家的政策变化、政治动荡或自然灾害等因素都可能对全球资源市场产生重大影响。例如，当某个主要资源生产国提高出口关税、限制出口量或发生政治动荡时，都可能导致全球资源供应紧张、价格上涨，进而对相关产业的生产成本和市场竞争力产生负面影响。

其次，资源分布不均加剧了全球资源博弈的激烈程度。为了获取更多的资源，各国纷纷采取各种措施来加强资源外交、推动国际合作、提高资源利用效率等。然而，在资源有限的情况下，各国之间的竞争和博弈往往难以避免，甚至可能引发贸易摩擦和地缘政治冲突。

最后，资源分布不均还导致了全球资源分配的不公平性。一些资源丰富的国家通过出口资源获得了巨大的经济利益，而一些资源匮乏的国家则不得不花费大量外汇来进口资源，从而拉大了全球的贫富差距。

（二）地缘政治风险

地缘政治风险是影响金属矿产资源安全供给的重要因素之一。一些地区的地缘政治紧张局势和冲突可能导致资源供应中断或价格波动，给依赖进口的国家带来巨大经济风险。

1. 地缘政治紧张局势的影响

地缘政治紧张局势是导致资源供应中断或价格波动的重要原因之一。例如，中东地区的地缘政治紧张局势和冲突经常导致石油供应中断或价格波动，对全球经济造成严重影响。中东地区是全球最大的石油生产地之一，其石油产量和出口量占全球总量的相当大的比例。然而，该地区政治局势复杂多变，经常发生地区冲突和战争，导致石油设施遭到破坏、石油运输通道受阻等问题，从而引发全球石油供应紧张和价格上涨。

除了石油之外，其他金属矿产资源也可能受到地缘政治紧张局势的影响。例如，刚果（金）作为全球钴产量最高的国家，其政治局势的稳定与否对全球钴供应具有重要影响。近年来，刚果（金）国内政治局势动荡不安，政府更迭频繁，导致钴矿开采和出口受到一定影响。此外，一些地区的地缘政治冲突还可能引发贸易战和制裁等，进一步加剧了资源供应的不确定性。

2. 供应中断的经济风险

首先，供应中断会导致相关产业的生产成本上升。当某个关键金属矿产资源的供应中断时，相关产业将不得不寻找替代资源或提高生产成本来应对供应短缺问题。这将导致相关产业的生产成本上升、市场竞争力下降等问题。

其次，供应中断还可能引发产业链和供应链的断裂。在现代经济体系中，产业链和供应链的稳定性对于企业的生产经营至关重要。一旦某个关键金属矿产资源的供应中断，将导致相关产业链和供应链的断裂，进而影响整个产业的正常运营和发展。

最后，供应中断还可能对国家的经济安全和社会稳定产生重大影响。金属矿产资源是现代社会经济发展的基石之一，其供应的稳定性和安全性直接关系到国家的经济安全和社会稳定。一旦某个关键金属矿产资源的供应中断，将对国家的经济发展和社会稳定产生威胁。

（三）环境保护与可持续发展压力

随着全球人民环保意识的提高，金属矿产资源的开发和利用面临着越来越大的生态保护压力。传统的资源开发方式往往伴随着环境污染和生态破坏，这不仅损害了生态环境，也影响了人类的生存和发展。因此，如何在保障资源供应的同时，减少环境污染、保护生态环境，实现可持续发展，已成为各国政府和企业必须面对的重要课题。

1. 资源开发的环境影响

金属矿产资源的开发过程往往伴随着对生态环境的破坏。采矿活动会破坏地表植被、改变地形地貌、污染水体和土壤，甚至引发地质灾害。例如，大型煤矿的开采可能导致地下水位下降、地面塌陷等问题；而露天矿的开采则可能直接破坏地表景观和生态系统。此外，矿产资源的加工和冶炼过程也会产生大量的废气、废水和固体废弃物，对周边环境造成严重的污染。

这些环境问题不仅影响了生态环境的质量，也影响了人类的生存和发展。例如，水体污染可能导致饮用水源受到威胁，进而影响人类的健康和生活质量；土壤污染则可能导致农作物减产或受到污染，进而影响食品安全和人类健康。此外，地质灾害如地震、滑坡等也可能对人类的生命财产安全构成严重威胁。

2. 环境保护政策的限制

为了应对资源开发带来的环境问题，各国政府纷纷出台了一系列严格的环境保护政策。这些政策对矿产资源的开发活动提出了更高的环保要求，限制了矿产资源的开采量和开采方式。

例如，许多国家对矿业活动的监管日益严格，要求矿业公司在开采过程中必须采取有效的环保措施，减少对环境的影响。这些措施可能包括采用先进的采矿技术和设备、实施生态修复工程、加强环境监测和评估等。同时，一些国家还通过提高矿产资源的特许权使用费率和税率来增加矿业公司的环保成本，从而限制矿业的投资和产能增长。

此外，一些国际组织也积极推动全球范围内的环境保护和可持续发展议程。例如，联合国环境规划署等国际组织通过制定相关公约和协议、推动国际交流与合作等方式来加强全球环境保护和可持续发展工作。这些公约的颁布使得各国在资源开发过程中更加注重环境保护和可持续发展问题。

3. 可持续发展的挑战

在保障资源供应的同时实现可持续发展是当前各国政府和企业面临的重要挑战之一。一方面，随着经济全球化和工业化的加速推进，各国对金属矿产资源的需求持续增长；另一方面，环境保护和可持续发展的要求也越来越高。如何在满足资源需求的同时减少环境污染、实现可持续发展已成为各国政府和企业必须面对的重要课题。

为了实现可持续发展目标，各国政府和企业需要采取一系列措施来加强环境保护和资源管理。例如，加强环境监测和评估工作、推广先进的环保技术和设备、实施生态修复工程等。同时，各国还需要加强国际交流与合作，共同推动全球范围内的环境保护和可持续发展议程。

（四）技术创新与产业转型升级需求迫切

随着经济全球化和工业化的加速推进，各国对金属矿产资源的需求持续增长，对资源利用效率和技术创新的要求也越来越高。传统的资源开发方式已经难以满足现代社会的经济发展需求，因此必须推动技术创新和产业转型升级，提高资源利用效率，降低生产成本。

1. 技术创新的重要性

技术创新是提高资源利用效率、降低生产成本的重要途径之一。引入先进的采矿技术和设备、优化采矿工艺和流程等，可以显著提高矿产资源的开采效率和回收率。例如，采用现代化的采矿技术和设备可以大幅度提高采矿速度和效率；而优化采矿工艺和流程则可以减少采矿过程中的资源浪费。

此外，技术创新还可以推动矿产资源的深加工和综合利用。对矿产资源进行深加工和综合利用可以显著提高其附加值和市场竞争力。例如，将低品位的矿产资源进行选矿和冶炼处理可以提取出高品位的金属产品；而将废弃的矿产资源进行回收和再利用则可以减少环境污染。

2. 产业转型升级的需求

随着经济全球化和工业化的加速推进以及市场竞争的加剧，传统的资源开发方式已经难以满足现代社会的经济发展需求。因此，必须推动产业转型升级以适应市场变化和需求升级的要求。

产业转型升级工作需要从多个方面入手。首先，需要重视技术创新和研发工作以提高资源利用效率和产品质量。其次，需要加强人才培养和引进工作以提高企业的竞争力和创新能力。最后，还需要加强国际交流与合作以拓展市场空间和提高国际竞争力。

此外，在产业转型升级过程中还需要注重环保和可持续发展问题。我们可以通过采用先进的环保技术和设备、实施生态修复工程等方式来减少环境污染和生态破坏问题；同时还需要加强环境监测和评估工作，以确保资源开发活动的合规性和可持续性。

二、金属矿产资源安全供给的国际经验借鉴

金属矿产资源作为经济发展的重要物质基础，其安全稳定供应对于国家经济发展、科技创新、国防建设和产业安全具有重大影响。在当前的政治经济格局下，确保金属矿产资源的安全供给已成为各国政府的重要任务。以下是一些国际经验，可供我国在保障金属矿产资源安全供给方面借鉴。

（一）完善关键矿产资源保障制度

美国等发达国家在长期实践中形成了较为完善的关于关键矿产资源保障的制度安排和管理体系。这些制度不仅涵盖了矿产资源的勘探、开采、加工和利用等各个环节，还涉及了资源的战略储备、市场调控和国际合作等多个方面。以下是对美国战略储备制度的详细分析，以及其对我国的相关启示。

1. 美国的战略储备制度

美国的战略储备制度是其保障关键矿产资源安全供给的重要基石。自 1939 年起，美国就颁布了《战略和关键材料储备法》，要求建立战略和关键矿产资源的战略储备制度。这一法律的颁布，标志着美国开始将关键矿产资源的战略储备纳入国家安全的范畴。

美国的战略储备制度不仅涵盖了关键矿产资源的储备，还涉及储备的管理、动用和更新等多个方面。在管理方面，美国设立了专门的机构负责储备资源的采购、存储、维护和更新等工作。这些机构不仅具备专业的技术和管理能力，还与

国家其他相关部门保持着密切的协作关系，以确保储备资源的有效利用和安全可靠。

在动用方面，美国的战略储备制度规定了严格的动用条件和程序。只有在面临外部供应中断或紧急情况时，才能动用储备资源。而且，动用储备资源必须经过严格的审批程序，并报请国家相关部门批准。这种严格的动用机制，确保了储备资源在关键时刻能够发挥最大的效用。

在更新方面，美国的战略储备制度也做了相应的规定。为了确保储备资源的时效性和针对性，美国会定期审查和更新关键矿产清单，并根据市场变化和国家需求调整储备资源的种类和数量。这种动态的更新机制，使得美国的战略储备制度能够始终保持与经济发展的需求相适应。

此外，美国还通过一系列相关法令和政策措施，不断完善其战略储备制度，进一步强化了美国对关键矿产资源的战略储备和管理能力。这些法令不仅明确了储备的目标、规模、管理和动用机制，还规定了相关部门的职责和权限，为战略储备制度的顺利实施提供了有力的法律保障。

2. 对我国的启示

我国可以借鉴美国的做法，完善矿产资源评价与管理体系，以确保金属矿产资源的安全稳定供应。

首先，我国应建立科学的矿产资源评价体系。这一体系应对国内外矿产资源进行全面、客观的评估，包括资源的储量、品质、分布、开采条件以及市场供需情况等方面。通过科学的评估，我们可以为矿产资源的合理开发和利用提供有力的依据。

其次，我国应制定并完善矿产资源储备法规和政策。这些法规和政策应明确储备的目标、规模、管理和动用机制等方面，为矿产资源的战略储备提供有力的法律保障。同时，还应加强对储备资源的动态管理，确保其质量和数量满足国家需求。

在储备资源的管理方面，我国可以设立专门的机构负责储备资源的采购、存储、维护和更新等工作。这些机构应具备专业的技术和管理能力，并与国家其他相关部门保持密切的协作关系。此外，还应加大对储备资源的监管和审计力度，确保其安全、可靠和有效利用。

在动用储备资源方面，我国应制定严格的动用条件和程序。只有在面临外部供应中断或紧急情况时，才能动用储备资源。动用储备资源必须经过严格的审批程序，并报请国家相关部门批准。这种严格的动用机制可以确保储备资源在关键时刻能够发挥最大的效用。

最后，我国还应加大对矿产资源市场的调控和监管力度。我国应通过完善市场规则、加强价格监管和打击非法采矿等措施维护矿产资源市场的稳定；同时，还应积极参与国际矿产资源市场的竞争与合作，通过市场手段获取更多的矿产资源。

（二）加强矿产资源开发技术攻关

矿产资源开发技术的创新和提高是保障矿产资源安全供给的重要手段。日本和欧洲各国高度重视矿产资源开发技术的研发，通过一系列政策措施鼓励企业、高校和科研机构开展合作研究，取得了显著的成效。以下是对日本技术研发政策和欧盟循环经济行动计划的详细分析，以及其对我国的相关启示。

1. 日本的技术研发政策

日本是一个资源匮乏的国家，但其通过制定一系列政策措施，鼓励企业、高校和科研机构开展矿产资源开发技术的研发，取得了显著的成效。这些政策措施不仅提供了资金支持，还为企业与科研机构之间的合作搭建了平台。

首先，日本通过制定《工矿业技术研究组合法》等政策措施，鼓励企业成立技术研究组合以及积极参与包括关键矿产资源开发在内的国家重大工程技术项目。这些技术研究组合不仅聚集了众多优秀的科研人才和技术力量，还通过合作研究的方式攻克了一系列技术难题。例如，在稀土资源的开发利用方面，日本通过技术研究组合的方式，成功研发出了一系列高效、环保的稀土提取和分离技术，为稀土资源的开发利用提供了有力的技术支持。

其次，日本还注重培养矿产资源开发领域的专业人才。通过设立专门的奖学金、提供实习机会和就业机会等措施，日本吸引了大量优秀的青年才俊投身于矿产资源开发领域的研究和实践。这些专业人才不仅具备扎实的专业知识，还具备丰富的实践经验和创新思维，为矿产资源开发技术的创新和提高提供了有力的人才保障。

最后，日本还积极加强与国际矿产资源大国的交流与合作。通过签订双边或多边合作协议、开展联合研究和技术转让等方式，日本不仅获取了更多的矿产资源和技术支持，还促进了全球矿产资源开发技术的共同进步和发展。

2. 欧盟的循环经济行动计划

欧盟的循环经济行动计划旨在通过提高资源利用效率、减少废弃物产生和促进资源循环利用等方式，缓解矿产资源的对外依赖。该计划鼓励企业采用先进的生产技术和管理模式，以提高资源回收率和再利用率；同时加强了对新型材料研制的支持，以替代传统矿产资源的使用。

在资源利用效率方面，欧盟通过制定一系列标准和规范，鼓励企业采用先进的生产技术和管理模式。例如，在金属矿产资源的开采和加工过程中，欧盟要求企业采用高效、环保的开采技术和加工工艺，以减少资源浪费和环境污染；同时，还鼓励企业采用先进的设备和技术手段，以提高资源的回收率和再利用率。

在废弃物产生方面，欧盟通过制定严格的废弃物管理法规，加大了对废弃物产生和处理的监管力度。例如，在金属矿产资源的开采和加工过程中产生的废弃物，欧盟要求企业进行分类收集、储存和运输，并采取有效的处理措施，以减少废弃物对环境的污染和破坏。

在资源循环利用方面，欧盟积极推广循环经济的理念和实践模式。通过鼓励企业采用循环经济的生产方式和管理模式，欧盟促进了资源的循环利用。例如，在废旧金属矿产资源的回收利用方面，欧盟要求企业采用先进的回收技术和处理工艺，将废旧金属矿产资源转化为可再利用的资源或产品。

此外，欧盟还加强了对新型材料研制的支持。欧盟通过投入大量资金和人力资源鼓励企业、高校和科研机构开展新型材料的研究和开发工作。这些新型材料不仅具有更好的性能和功能，还可以替代传统矿产资源的使用，从而减少了对传统矿产资源的消耗。

3. 对我国的启示

我国应加强矿产资源开发技术攻关，提高国内供应能力。以下是对我国在这一方面的具体建议。

首先，我国应加大对矿产资源开发技术研发的投入力度。我国可以通过设立专项基金、提供税收优惠和财政补贴等措施，鼓励企业、高校和科研机构开展合作研究和技术创新工作；同时，还应加大对矿产资源开发技术创新的宣传和推广力度，提高全社会对矿产资源开发技术创新的认识和重视程度。

其次，我国应制定相关政策措施，支持矿产资源开发技术的创新和应用。例如，可以制定相关的技术标准和规范，鼓励企业采用先进的生产技术和管理模式；可以设立相关的奖励机制，对在矿产资源开发技术创新方面取得显著成效的企业和个人给予表彰和奖励；还可以加强对矿产资源开发技术创新成果的保护和管理工作，确保创新成果的有效利用和转化。

在人才培养和引进方面，我国应加强对矿产资源开发领域专业人才的培养和引进工作。例如，通过设立专门的奖学金、提供实习机会和就业机会等措施，吸引更多优秀的青年才俊投身于矿产资源开发领域的研究和实践；同时，还应加强与其他国家的交流与合作，引进更多的优秀人才和技术成果为我国所用。

再次，我国还应积极推广循环经济的理念和实践模式。例如，对于在金属矿产资源的开采和加工过程中产生的废弃物可以进行分类收集、储存和运输，并采取有效的处理措施，减少其对环境的污染和破坏；在废旧金属矿产资源的回收利用方面，采用先进的回收技术和处理工艺，将废旧金属矿产资源转化为可再利用的资源或产品等。

最后，我国还应加强与国际矿产资源大国的交流与合作。例如，通过签订双边或多边合作协议、开展联合研究和技术转让等方式获取更多的矿产资源和技术支持；同时积极参与国际矿产资源市场的竞争与合作，通过市场手段获取更多的矿产资源，为我国的经济发展提供有力的保障和支持。

（三）推动矿产资源来源多元化

矿产资源来源的多元化是保障金属矿产资源安全供给的重要途径。美国政府一直以来高度重视与国际矿产资源大国进行战略合作，打造稳固的矿产资源国际合作体系；同时日本也积极通过“资源外交”手段与国际矿产资源大国签订资源购买协议或直接投资海外矿产资源开发项目。以下是对美国的国际合作战略和日本的“资源外交”的详细分析以及其对我国的相关启示。

1. 美国的国际合作战略

美国通过与国际矿产资源大国签订双边或多边合作协议，建立稳固的矿产资源国际合作体系。这些合作协议不仅涵盖了矿产资源的勘探、开采和加工等环节，还涉及技术交流和人才培养等方面。此外，美国还积极参与国际矿产资源市场的竞争与合作，通过市场手段获取更多的矿产资源。

在签订双边或多边合作协议方面，美国与多个国际矿产资源大国建立了紧密的合作关系。例如，美国与加拿大、澳大利亚等国家签订了多项关于矿产资源勘探、开采和加工等方面的合作协议。这些合作协议不仅为双方提供了更多的合作机会和发展空间，还促进了双方技术交流和人才培养等方面的深入合作。

在技术交流和人才培养方面，美国积极与国际矿产资源大国开展交流与合作。通过举办技术研讨会、培训班和学术交流活动等方式，美国不仅获取了更多的先进技术，还培养了一批具备国际视野和创新能力的高素质人才。

在参与国际矿产资源市场竞争与合作方面，美国通过加强与主要矿产资源供应国的政治和经济联系、推动建立国际矿产资源市场秩序等措施，获取了更多的矿产资源。

2. 日本的“资源外交”

日本通过“资源外交”手段与国际矿产资源大国建立了紧密的合作关系。这些合作关系不仅涉及矿产资源的购买和供应等方面，还涉及技术合作和人才培养等方面。此外，日本还积极投资海外矿产资源开发项目，旨在通过直接投资获取更多的矿产资源。

在矿产资源的购买和供应方面，日本积极与世界矿产资源大国开展交流与合作。通过签订资源购买协议、建立长期稳定的供应关系等措施，日本不仅获取了更多的矿产资源，还促进了双方经济合作的深入发展。例如，日本与澳大利亚等国家签订了多项关于铁矿石等矿产资源的购买协议，为日本的钢铁工业等产业提供了有力的资源保障。

3. 对我国的启示

我国应持续开展全球矿业合作，提升战略性矿产资源的全球配置能力。以下是对我国在这一方面的具体建议。

首先，我国应积极参与国际矿产资源市场的竞争与合作。通过加强与主要矿产资源供应国的政治和经济联系、推动建立公正合理的国际矿产资源市场秩序等措施，我国可以获取更多的矿产资源。同时，我国还应积极参与国际矿业组织的活动和合作项目，加强与各国矿业企业的交流与合作，共同推动全球矿业市场的稳定和健康发展。

其次，我国应加强与国际矿产资源大国的战略合作。通过签订双边或多边合作协议、建立长期稳定的供应关系等措施，我国可以与国际矿产资源大国建立紧密的合作关系。这些合作关系不仅可以为我国提供更多的矿产资源，还可以促进双方经济合作的深入发展。例如，我国可以与澳大利亚等国家签订关于铁矿石等矿产资源的购买协议，为我国的钢铁工业等产业提供有力的资源保障。

在鼓励企业投资海外矿产资源开发项目方面，我国应出台相关政策措施支持企业“走出去”。通过提供税收优惠、财政补贴和融资支持等措施，我国可以鼓励企业积极参与海外矿产资源开发项目的投资和运营工作。同时，我国还应加大对企业海外投资的风险管理和监管力度，确保企业海外投资的安全。

再次，我国还应加强与周边国家和地区的矿业合作与交流。通过加强与周边国家和地区的政治和经济联系、推动建立区域矿业合作机制等措施，我国可以与周边国家和地区共同推动区域矿业市场的稳定和健康发展。例如，我国可以与东盟国家加强在矿产资源勘探、开采和加工等方面的交流与合作，共同推动区域矿业市场的繁荣和发展。

最后，我国还应积极参与全球矿业治理体系的改革与完善工作。通过加强与各国矿业组织的交流与合作、推动建立公正合理的全球矿业治理体系等措施，我国可以为全球矿业市场的稳定和健康发展做出积极贡献。同时，我国还应加强对全球矿业市场的研究和分析，及时掌握全球矿业市场的动态和趋势，为我国的矿业发展和国际合作提供有力的支持和保障。

（四）完善关键矿产资源战略储备体系

战略储备是保障金属矿产资源安全供给的重要手段。美国、日本等国家都建立了较为完善的关键矿产资源战略储备制度。这些制度不仅涵盖矿产资源的储备、管理和动用等多个方面，还涉及储备资源的种类、数量等具体规定。以下是对美国的战略储备体系和日本的双重储备制度的详细分析以及其对我国的相关启示。

1. 美国的战略储备体系

美国的战略储备体系涵盖了多种关键矿产资源，如稀土、钴、锂等。这些储备资源被存放在安全、可靠的地点，并有专人定期对其进行维护和更新。在面临外部供应中断或紧急情况时，美国可以迅速调动储备资源，保障国家安全和经济发展。

在储备资源的种类和数量方面，美国的战略储备体系根据国家安全和经济发展需求进行了科学合理的规划和布局。例如，在稀土资源的储备方面，美国不仅储备了多种稀土资源，还根据各种稀土资源在军事、工业和民用等领域的应用情况进行了科学合理的分配和布局。这种科学合理的规划布局确保了美国在面临外部供应中断或紧急情况时能够迅速调动储备资源。

在储备资源的管理和动用方面，美国的战略储备体系建立了严格的管理制度和动用机制。这些管理制度和动用机制不仅确保了储备资源的安全、可靠和有效利用，还提高了储备资源的利用效率和经济效益。例如，在储备资源的管理方面，美国设立了专门的机构负责储备资源的采购、存储、维护和更新等工作；在储备资源的动用方面，美国规定了严格的动用条件和程序，并需报请国家相关部门批准才可动用储备资源。

2. 日本的双重储备制度

日本的双重储备制度不仅包括国家储备，还涉及民间储备。这种制度不仅提高了储备资源的利用效率，还增强了国家的资源安全保障能力。在面临外部供应中断或紧急情况时，日本可以迅速调动国家储备和民间储备资源共同应对危机。

在国家储备方面，日本通过颁布《石油储备法》等建立了完善的国家储备制度。这些制度不仅规定了国家储备的目标、规模和动用机制等内容，还明确了相关部门的职责和权限，以确保国家储备制度顺利实施。此外，日本还定期对国家储备资源进行评估和更新工作，以确保其质量和数量能够满足国家的需求。

在民间储备方面，日本通过制定相关政策措施鼓励企业和个人积极参与民间储备工作。例如，在石油资源的民间储备方面，日本通过提供税收优惠和财政补贴等措施鼓励企业和个人购买和储存石油资源以备不时之需。这种民间储备制度不仅提高了储备资源的利用效率，还增强了国家的资源安全保障能力。

在双重储备制度的协调与管理方面，日本建立了完善的管理机制和协调机制。这些管理机制和协调机制不仅确保了国家储备和民间储备之间的有效衔接和协同作用，还提高了储备资源的整体利用效率。例如，在面临外部供应中断或紧急情况时，日本可以通过调动国家储备和民间储备资源共同应对危机；在储备资源的更新和维护方面，日本可以通过整合国家储备和民间储备的力量共同开展相关工作。

3. 对我国的启示

我国应完善关键矿产资源战略储备制度，确保在紧急情况下能够有足够的资源供应。以下是对我国在这一方面的具体建议。

首先，我国应建立科学的储备资源评估体系。这一体系应对国内外关键矿产资源进行全面、客观的评估工作，包括资源的储量、品质、分布以及市场供需情况等方面的内容。科学的评估工作可以为我国制定科学合理的储备计划提供有力的依据和支持。

其次，我国应制定并完善储备资源的管理和动用机制。这些机制应明确储备资源的规模、管理和动用条件等方面的内容，并规定相关部门的职责和权限，以确保储备制度顺利实施。同时，我国还应加强对储备资源的动态管理工作，确保其质量和数量能够满足国家的需求，并及时更新和维护储备资源，以确保其有效性和可靠性。

在储备资源的种类和数量方面，我国应根据国家安全和经济发展的需求进行科学合理的规划和布局工作。例如，在稀土资源的储备方面，我国可以储备多种稀土元素，并根据各种稀土元素在军事、工业和民用等领域的应用情况进行科学合理的分配和布局工作，以确保在面临外部供应中断或紧急情况时能够迅速调动储备资源。

再次，我国还可以考虑建立国家储备与民间储备并重的双重储备制度，以提高储备资源的利用效率和国家资源安全保障能力。例如，在石油资源的储备方面，我国可以通过提供税收优惠和财政补贴等措施鼓励企业和个人购买和储存石油资源；在稀土资源的储备方面，我国可以通过整合国家储备和民间储备资源的力量开展相关工作，以提高储备资源的整体利用效率。

在储备资源的更新和维护方面，我国应加强对储备资源的动态管理工作。我国应定期对储备资源进行评估和更新工作，确保其质量和数量可以满足国家的需求。同时，我国还应加强对储备资源的管理和维护工作，以确保其安全、可靠。

最后，我国还应加强与国际社会的交流与合作，以提高自身在全球矿业市场中的地位并为全球矿业市场的稳定和健康发展做出积极贡献。例如，在面临全球矿产资源供应紧张和价格波动等问题时，我国可以加强与各国矿业组织的交流与合作，共同推动建立公正合理的全球矿业治理体系；在矿产资源勘探、开采和加工等方面，我国可以与国际矿产资源大国开展交流与合作，共同推动全球矿业技术的进步，为全球矿业市场的繁荣和发展做出积极贡献。

第二节　金属矿产资源安全供给的本土路径

金属矿产资源作为工业生产的基石，其安全供给对于国家经济发展具有重要意义。在当前全球资源竞争日趋激烈的背景下，探索金属矿产资源安全供给的本土路径显得尤为重要。本土路径是指结合我国实际情况，在借鉴国际经验的基础上形成的具有中国特色的金属矿产资源安全供给策略和实施方式。

一、我国金属矿产资源安全供给路径现状

（一）高度依赖海外进口

我国金属矿产资源储量相对不足，这一现状在关键金属领域尤为显著。铂族金属、钴、镍、锂等作为现代工业，尤其是新能源、新材料产业不可或缺的基础原料，其供需矛盾在我国尤为突出。相关数据显示，我国对这些关键金属的对外

依存度极高，铂族金属的对外依存度高达97%，钴的对外依存度达到95%，镍的对外依存度为91%，锂的对外依存度也有76%。这种高度依赖海外进口的局面，不仅使我国金属矿产资源的安全供给面临巨大风险，也对我国相关产业的可持续发展构成了潜在威胁。

1. 关键金属资源需求激增

随着全球经济的快速发展和工业化、城市化进程的加速推进，我国对金属矿产资源的需求量急剧增加。特别是在新能源、新材料等战略性新兴产业领域，关键金属如铂族金属、钴、镍、锂等的需求量更是呈现出爆发式增长态势。例如，在新能源汽车产业中，锂离子电池作为核心部件，其关键原料锂、钴、镍等的需求量随着新能源汽车产销量的快速增长而急剧攀升。

2. 国内资源供给不足

然而，与日益增长的需求量相比，我国金属矿产资源的储量相对匮乏。尽管我国也拥有丰富的金属矿产资源，但地质禀赋相对较差，储量低、品位差，开采难度较大。以锂资源为例，我国锂矿平均品位远低于国外锂矿，这使得我国锂资源的开采成本相对较高，难以满足大规模工业生产的需要。

3. 海外进口依赖加深

在国内资源供给不足的情况下，我国不得不大量依赖海外进口来满足对金属矿产资源的需求。这种高度依赖海外进口的局面，使得我国金属矿产资源的安全供给面临着巨大的外部风险。一旦国际市场上关键金属的价格出现大幅波动，或者进口来源国家的政治经济形势发生变化，都将对我国金属矿产资源的供应造成严重影响。

4. 海外供应风险凸显

近年来，地缘政治紧张局势和国际贸易摩擦频发，进一步加剧了我国金属矿产资源海外供应的不稳定性。一些关键金属的进口来源国家比较单一，如我国95%以上的铂族金属从南非进口，95%以上的钴从刚果（金）进口。这些国家的政治经济形势一旦发生变化，或者对我国采取贸易限制措施，都将对我国金属矿产资源的供应造成严重影响。例如，在国际贸易摩擦中，一些国家可能会对我国实施金属矿产资源的出口限制或加征关税等措施，从而打乱我国金属矿产资源的进口节奏和价格预期。

（二）海外供应不稳定性加剧

近年来，地缘政治紧张局势和国际贸易摩擦频发，这些外部因素对我国金属矿产资源的海外供应稳定性构成了严重威胁。在这种背景下，我国金属矿产资源的海外供应不稳定性显著加剧，给我国相关产业的可持续发展带来了巨大挑战。

1. 地缘政治紧张局势的影响

地缘政治紧张局势是影响我国金属矿产资源海外供应稳定性的重要因素之一。一些关键金属的进口来源国家地处地缘政治敏感地区，如中东、非洲等地区。这些地区的政治局势动荡不安，战争、冲突等事件频发，导致相关国家的金属矿产资源开采和出口受到严重影响。例如，在非洲地区，一些国家政治局势动荡，导致金属矿产资源的开采活动被迫中断或大幅减少，从而影响了我国对这些国家金属矿产资源的进口。

2. 国际贸易摩擦的冲击

国际贸易摩擦也是影响我国金属矿产资源海外供应稳定性的重要因素之一。在全球经济一体化的背景下，国际贸易摩擦频发，一些国家出于保护本国产业和就业的目的，对我国实施了一系列贸易限制措施。这些措施不仅涉及传统商品，还逐渐扩展到金属矿产资源等战略性资源领域。例如，在国际贸易摩擦中，一些国家可能会对我国实施金属矿产资源的出口限制或加征关税等措施，从而打乱了我国金属矿产资源的进口节奏和价格预期。这不仅增加了我国金属矿产资源的进口成本，还降低了我国在国际市场上的竞争力。

3. 进口来源国家单一化的风险

我国金属矿产资源的进口来源国家相对单一，这也是导致海外供应不稳定性加剧的重要原因之一。以铂族金属、钴、镍、锂等关键金属为例，这些金属的进口来源国家主要集中在少数几个国家，这种进口来源国家单一化的局面使得我国金属矿产资源的供应容易受到这些国家政治经济形势变化的影响。一旦这些国家的政治经济形势发生波动或者对我国采取贸易限制措施，将对我国金属矿产资源的供应造成严重影响。

4. 供应链中断的风险

在高度依赖海外进口的情况下，我国金属矿产资源的供应链相对脆弱。一旦供应链中的某个环节出现问题，如运输中断、港口拥堵等事件，都可能导致我国金属矿产资源的供应中断。例如，在国际贸易摩擦中，一些国家可能会对我国实施运输限制或禁止相关金属矿产资源的运输等措施，从而导致我国金属矿产资源的供应链中断。此外，自然灾害等不可抗力因素也可能对供应链造成冲击，进而影响我国金属矿产资源的供应稳定性。

5. 价格波动风险

国际市场上金属矿产资源价格的波动也是影响我国金属矿产资源海外供应稳定性的重要因素之一。由于金属矿产资源市场的供需关系复杂多变，加上地缘政治紧张局势和国际贸易摩擦等因素的影响，国际市场上的金属矿产资源价格经常出现大幅波动。这种价格波动不仅增加了我国金属矿产资源的进口成本，还增强了我国金属矿产资源供应的不确定性。例如，在金属矿产资源价格上涨的情况下，我国可能需要支付更高的进口成本来满足对金属矿产资源的需求；而在价格下跌的情况下，虽然进口成本降低，但也可能面临供应中断的风险。

（三）国内资源开发潜力有限

尽管我国拥有丰富的金属矿产资源，但地质禀赋相对较差，储量低、品位差，开发难度较大。同时，部分矿山存在过度开采、资源浪费等现象，导致国内资源开发潜力有限，难以满足日益增长的消费需求。这种现状对我国金属矿产资源的安全供给构成了严重制约。

1. 地质禀赋较差

我国金属矿产资源的地质禀赋相对较差，这是导致国内资源开发潜力有限的重要原因之一。我国金属矿产资源主要分布在地质条件复杂、开采难度较大的地区。例如，我国锂资源主要分布在青藏高原等高原地区，这些地区气候恶劣、交通不便、基础设施薄弱，给锂资源的开采带来了巨大挑战。此外，我国金属矿产资源的品位也相对较低，这使得开采成本相对较高，进一步降低了国内资源开发的经济性。

2. 开发难度较大

由于地质禀赋较差和品位较低，我国金属矿产资源的开发难度较大。在开采过程中，需要投入大量的人力、物力和财力来解决技术难题和克服自然条件的限制。例如，在锂资源的开采过程中，需要采用特殊的开采技术和设备来应对高原地区的恶劣气候和复杂地质条件。这些技术和设备的研发和应用不仅需要投入大量的资金和时间，还需要解决一系列技术难题和工程问题。

3. 过度开采与资源浪费

在过去的一段时间里，我国部分矿山存在过度开采、资源浪费等现象。这些现象不仅破坏了生态环境和地质结构，还导致国内资源开发潜力进一步下降。例如，在一些金属矿产资源的开采过程中，由于缺乏科学的开采规划和有效的监管措施，一些矿山企业为了追求短期利益而过度开采资源，导致资源枯竭和生态环境破坏。此外，一些矿山企业在开采过程中还存在资源浪费现象，如选矿回收率较低、尾矿综合利用不足等问题。这些现象不仅降低了国内资源开发的经济性，还加剧了我国金属矿产资源的供需矛盾。

4. 环境保护与资源开发矛盾突出

在我国金属矿产资源开发过程中，环境保护与资源开发的矛盾日益突出。随着环保政策的日益严格和公众环保意识的不断提高，我国金属矿产资源开发领域面临着越来越大的环保压力。一方面，金属矿产资源的开发活动会对生态环境造成破坏和污染；另一方面，环保政策的实施又会对金属矿产资源的开发活动产生限制和影响。这种矛盾使得我国金属矿产资源的开发活动面临着诸多挑战和困难。例如，在一些金属矿产资源的开采过程中，为了保护环境而不得不采取更为严格的环保措施和更高的环保标准，这增加了开采成本和难度；而在一些环保政策较为宽松的地区，则可能存在过度开采和资源浪费现象。

（四）资源利用效率与循环利用水平有待提高

我国在金属矿产资源的开采、加工和利用过程中，资源利用效率与循环利用水平仍有待提高。一些矿山和冶炼企业存在技术落后、设备陈旧等问题，导致资源浪费并造成了一定程度的环境污染。同时，废旧金属的回收和再利用体系尚不完善，也制约了资源利用效率的提升。这种现状对我国金属矿产资源的安全供给构成了严重制约。

1. 资源浪费现象严重

在我国金属矿产资源的开采、加工和利用过程中，资源浪费现象仍然存在。一些矿山和冶炼企业为了追求短期利益而采取粗放式的开采和加工方式，导致大量资源被浪费。例如，在一些金属矿产资源的开采过程中，由于缺乏科学的开采规划和有效的监管措施，一些矿山企业为了追求产量而过度开采资源，导致资源枯竭和生态环境破坏。此外，在金属矿产资源的加工和利用过程中，一些企业由于缺乏先进的技术和设备支持，难以实现对资源的充分利用和高效回收。

2. 环境污染问题突出

我国金属矿产资源开采、加工和利用过程中的环境污染问题也较为突出。一些矿山和冶炼企业在开采和加工过程中产生的废水、废气和固体废弃物等污染物未经有效处理就直接排放到环境中，对生态环境造成了严重破坏和污染。例如，在一些金属矿产资源的开采过程中，开采技术落后和设备陈旧等原因导致废水排放量大；在一些冶炼企业中，冶炼工艺落后和设备陈旧等原因导致废气排放量大。这些污染物不仅对环境造成了严重破坏和污染，还对人类健康构成了潜在威胁。

3. 废旧金属回收体系不完善

我国废旧金属的回收体系尚不完善，这也是制约资源利用效率提升的重要因素之一。废旧金属的回收和再利用是实现资源循环利用的重要途径之一，但目前我国废旧金属的回收和再利用体系还存在诸多问题。例如，废旧金属的回收渠道不畅、回收价格不合理等问题导致大量废旧金属被浪费或流失；废旧金属的再利用技术和设备落后等问题导致废旧金属的再利用效率低下、产品质量不稳定。此外，一些废旧金属回收企业由于缺乏资金和技术支持而难以开展有效的回收和再利用活动。

4. 资源循环利用意识薄弱

在我国金属矿产资源开发领域，部分企业的资源循环利用意识相对薄弱。例如，一些矿山和冶炼企业缺乏资源循环利用的理念和意识，仍然采用传统的开采、加工和利用方式。这些方式不仅效率低下、能耗高，而且容易造成资源浪费和环境污染。此外，一些消费者也缺乏资源循环利用的意识，对废旧金属的回收和再利用缺乏足够的认识和重视。这种意识薄弱的现象制约了我国金属矿产资源循环利用水平的提升。

综上所述，我国金属矿产资源安全供给路径面临着诸多挑战和问题。高度依赖海外进口、海外供应不稳定性加剧、国内资源开发潜力有限以及资源利用效率与循环利用水平有待提高等问题相互交织、相互影响，共同构成了我国金属矿产资源安全供给的严峻形势。为了保障我国金属矿产资源的安全供给，我们需要深入分析这些问题的根源和成因，并积极探索有效的解决途径和策略。

二、金属矿产资源安全供给的本土路径的具体实施

在全球经济一体化加速推进的背景下，金属矿产资源作为现代工业发展的基

石，其安全供给对于国家经济的可持续发展具有至关重要的意义。面对全球金属矿产资源分布不均、环境保护与资源开发矛盾日益突出的挑战，我国必须积极探索符合自身国情的本土路径，以保障金属矿产资源的安全供给。以下将从重视国内矿产资源的勘查与开发、优化产业结构、建立政府与市场协同作用机制、加强国际交流与合作以及推动矿产资源循环利用与绿色发展等五个方面，详细阐述金属矿产资源安全供给的本土路径的具体实施。

（一）重视国内矿产资源的勘查与开发

1. 加大勘查投入，提高勘查精度和效率

为提升金属矿产资源的安全供给能力，首要任务是加强国内矿产资源的勘查工作。这要求政府和企业共同加大勘查投入，采用先进的勘查技术和方法，提高勘查精度和效率。具体而言，应加大对地质勘查工作的财政支持力度，鼓励社会资本参与地质勘查项目，形成多元化的勘查投入机制。同时，积极引进和消化吸收国际先进的勘查技术和方法，如遥感技术、地球物理勘探技术、地球化学勘探技术等，提高勘查效率和准确性。

在勘查过程中，应注重科学规划和合理布局，避免盲目勘查和重复勘查。通过地质勘查工作的深入开展，摸清我国金属矿产资源的家底，为后续的矿产资源开发提供科学依据。此外，还应加强对勘查成果的管理和应用，建立健全勘查成果共享机制，促进勘查成果的转化和应用。

2. 推进矿产资源开发，提高资源利用效率和产出率

在摸清金属矿产资源家底的基础上，应积极推进矿产资源的开发利用。这要求政府和企业共同努力，优化矿产资源开发布局，提高资源利用效率和产出率。具体而言，应加强对矿产资源开发项目的管理，确保开发项目符合国家产业政策和环保要求。同时，鼓励企业采用先进的开采技术和设备，提高开采效率和安全性。

在矿产资源开发过程中，应注重资源的综合利用和节约利用。采用先进的选冶技术和设备，提高矿产资源的回收率和利用率；同时，加强对尾矿、废石等废弃物的综合利用和治理，减少资源浪费和环境污染；此外，还应加强对珍贵矿产资源的保护，避免滥采滥挖现象的发生，确保矿产资源可持续利用。

3. 加强地质勘查队伍建设，提高其勘查能力

地质勘查队伍是开展矿产资源勘查工作的主体力量。为提升金属矿产资源的安全供给能力，必须加强地质勘查队伍建设，提高其勘查能力。这要求政府和企

业共同加大对地质勘查队伍的培训和教育力度，提高勘查人员的专业素质和技能水平。同时，鼓励地质勘查单位与高校、科研机构等开展交流与合作，引进和培养高层次的地质勘查人才。

此外，还应加强对地质勘查队伍的管理和激励。例如，通过建立健全激励机制和考核机制，激发勘查人员的积极性和创造性。同时，加强对勘查队伍的监督和管理，确保勘查工作规范化和标准化。这些措施的实施可以不断提升我国地质勘查队伍的整体素质和勘查能力，为金属矿产资源的勘查与开发提供有力的人才保障。

（二）优化产业结构

1. 政策引导与市场机制相结合，促进产业结构优化

针对我国矿产资源行业存在的产业发展滞后、过度依赖优势资源等问题，应优化产业结构，提升产业竞争力。这要求政府通过政策引导和市场机制相结合的方式，促进矿产资源行业的健康发展。具体而言，政府应制定科学合理的产业政策和发展规划，明确矿产资源行业的发展方向和目标；同时，通过税收、信贷等经济手段，引导企业加大科技创新投入，提高矿产资源开采、选冶和加工技术水平。

在市场机制方面，应充分发挥市场在资源配置中的决定性作用。政府应通过价格机制、供求关系等引导企业合理开采和利用金属矿产资源；同时，加强对矿产资源市场的监管和调控，防止市场垄断和恶意炒作等行为的发生。这些措施的实施可以促进矿产资源行业的健康发展，提升产业竞争力。

2. 鼓励科技创新，提高矿产资源开采与加工技术水平

科技创新是推动矿产资源行业发展的重要动力。为提升我国金属矿产资源的安全供给能力，必须鼓励企业加大科技创新投入，提高矿产资源开采与加工技术水平。这要求政府和企业共同努力，建立健全科技创新体系和技术创新机制。具体而言，政府应加大对矿产资源行业科技创新的支持力度，鼓励企业开展技术研发和创新活动；同时，通过设立科研基金、提供技术支持等方式，促进科技成果的转化和应用。

在企业层面，应鼓励企业加大研发投入，引进和培养高层次的技术人才。企业应采用先进的开采技术和设备，以提高开采效率和安全性；同时，加强对选冶技术和设备的研发，提高矿产资源的回收率和利用率；此外，还应加强对矿产资

源综合利用技术的研究，推动矿产资源的循环利用和绿色发展。

3. 加强对珍贵矿产资源的保护

珍贵矿产资源是国家宝贵的自然财富，必须加强对它的保护。这要求政府和企业共同努力，建立健全珍贵矿产资源保护和管理制度。具体而言，政府应加强对珍贵矿产资源的勘探和开发管理，确保开发活动符合国家产业政策和环保要求；同时，通过设立保护区、限制开采量等方式，加强对珍贵矿产资源的保护。在企业层面，应加强对珍贵矿产资源的开采和利用管理，加强对珍贵矿产资源的综合利用和节约利用，避免资源浪费和环境污染现象的发生。这些措施的实施可以确保珍贵矿产资源的可持续利用，为国家的经济发展提供有力保障。

4. 推动矿产资源行业绿色发展，实现可持续发展目标

绿色发展是推动矿产资源行业可持续发展的重要途径。为提升我国金属矿产资源的安全供给能力，必须推动矿产资源行业的绿色发展。这要求政府和企业共同努力，建立健全绿色发展体系和管理制度。具体而言，政府应加大对矿产资源行业绿色发展的政策引导和支持力度，鼓励企业采用清洁生产技术和设备，减少资源消耗和环境污染；同时，加大对矿产资源行业的环保监管和执法力度，确保企业遵守环保法规和标准。

在企业层面，应加强对清洁生产技术和设备的研发，提高资源利用效率和环保水平；同时，加强对废弃物的回收利用和治理工作，减少资源浪费和环境污染现象的发生；此外，还应积极参与环保公益活动和社会责任项目，提升企业的社会形象和品牌价值。这些措施的实施可以推动矿产资源行业绿色发展，实现可持续发展目标。

（三）建立政府与市场协同作用机制

1. 政府加强对矿产资源行业的监管和调控

在金属矿产资源安全供给方面，政府应发挥主导作用，加强对矿产资源行业的监管和调控。这要求政府建立健全的监管体系和调控机制，确保矿产资源行业健康发展。具体而言，政府应加强对矿产资源开发项目的审批和管理，确保开发项目符合国家产业政策和环保要求；同时，加强对矿产资源市场的监管和调控工作，防止市场垄断和恶意炒作等行为的发生。

此外，政府还应加强对矿产资源行业安全生产的监管工作，通过建立健全的安全生产管理体系和应急预案体系，确保矿产资源开发活动的安全性和稳定性；

同时，加强对矿产资源行业环境保护的监管工作，确保开发活动对生态环境的影响降到最低程度。这些措施的实施可以保障金属矿产资源的安全供给。

2. 完善相关法律法规和政策体系

为保障金属矿产资源的安全供给，必须完善相关法律法规和政策体系。这要求政府加强对矿产资源行业法律法规的研究和制定工作，确保法律法规的科学性、合理性和可操作性；同时，加强对政策体系的完善和调整工作，确保政策体系的连贯性和稳定性。

具体而言，政府应加强对矿产资源行业勘探、开发、利用等方面的法律法规研究和制定工作。政府应明确各方的权利和义务、规范开发行为，保障矿产资源行业健康发展；同时，加强对矿产资源行业税收、信贷等经济政策的制定和调整工作，引导企业加大科技创新投入和提高资源利用效率；此外，还应加强对矿产资源行业环保政策的制定和调整工作，确保开发活动对生态环境的影响降到最低程度。这些措施的实施有利于完善相关法律法规和政策体系，为金属矿产资源的安全供给提供有力保障。

3. 发挥市场在资源配置中的决定性作用

在金属矿产资源安全供给方面，市场应发挥资源配置的决定性作用。这要求政府减少对市场的干预和管制行为，让市场在资源配置中发挥决定性作用。具体而言，政府应放宽市场准入条件、降低市场门槛，鼓励更多的企业参与矿产资源行业的竞争；同时，加强对市场价格机制的监管和调控工作，防止市场垄断和恶意炒作等行为的发生。

在市场机制方面，应充分发挥价格机制、供求关系等在资源配置中的决定性作用。政府应通过价格机制引导企业合理开采和利用金属矿产资源；通过供求关系调节市场供需平衡和价格波动，保障金属矿产资源的安全供给。此外，政府还应加强对矿产资源市场信息系统的建设和管理工作，提高市场信息的透明度和准确性。这些措施的实施有助于充分发挥市场在资源配置中的决定性作用，保障金属矿产资源的安全供给。

4. 政府与市场密切合作，共同推动金属矿产资源安全供给

在金属矿产资源安全供给方面，政府与市场应密切合作、形成合力。这要求政府和企业共同努力、加强沟通和协作工作。具体而言，政府应加强对企业的服务和支持工作，为企业提供政策咨询、技术支持等服务；同时加大对企业的监管和执法力度，确保企业遵守法律法规。企业则应积极响应政府的号召和政策导向

要求；同时加强自身的技术创新和管理创新工作，提升自身的核心竞争力和市场占有率。

此外，政府还应加强对国际市场的关注和研究工作。例如，通过加强与国际矿业企业、研究机构的合作，引进先进技术和管理经验，提升我国金属矿产资源的勘查与开发水平；同时积极参与国际矿产资源市场的竞争，争取更多的国际资源和市场份额，保障我国金属矿产资源的安全供给。通过这些措施的实施，政府与市场可以形成合力，共同保障金属矿产资源的安全供给工作。

（四）加强国际交流与合作

1. 与国际矿业企业开展交流与合作

在全球资源竞争日益激烈的背景下，加强与国际矿业企业的交流与合作是提升我国金属矿产资源安全供给能力的重要途径之一。这要求我国积极寻求与国际知名矿业企业的合作机会，通过技术引进、资金合作等方式共同开发金属矿产资源。具体而言，我国可以与国际矿业企业开展联合勘探、联合开发等活动，以共同分享勘探成果和开发经验。

同时，我国还可以积极引进国际矿业企业的先进技术和管理经验，通过消化吸收国际先进技术和管理经验，提升我国金属矿产资源的开采与加工技术水平。此外，我国还可以积极参与国际矿业企业的并购和重组活动，通过并购和重组等方式扩大自身规模和提高市场竞争力，推动我国金属矿产资源行业的快速发展。

2. 与国际研究机构开展交流与合作

除了与国际矿业企业开展交流与合作外，我国还可以积极寻求与国际研究机构的合作机会，通过与国际研究机构开展联合研究、技术交流等活动，共同分享研究成果和技术经验，提升我国金属矿产资源的勘查与开发水平。具体而言，我国可以与国际研究机构开展地质勘查技术、选冶技术等方面的联合研究活动，共同攻克技术难题和提高技术水平，推动我国金属矿产资源行业的创新性发展。

3. 积极参与国际矿产资源市场的竞争与合作

在全球资源竞争日益激烈的背景下，积极参与国际矿产资源市场的竞争与合作是提升我国金属矿产资源安全供给能力的重要途径之一。这要求我国积极寻求与国际矿产资源市场的合作机会，通过参与国际矿产资源市场的交易活动等方式获取更多的国际资源和市场份额。具体而言，我国可以积极参与国际矿产资源市场的拍卖、招标等活动，通过竞价等方式获取更多的国际资源和市场份额，提升我国在国际矿产资源市场中的地位。

此外，我国还可以积极参与国际矿产资源市场的标准制定和规则制定工作，通过参与标准制定和规则制定等方式扩大自身影响力，推动我国金属矿产资源行业的国际化发展。

4. 加强与国际社会的沟通与协作工作

在全球资源竞争日益激烈的背景下，加强与国际社会的沟通与协作是提升我国金属矿产资源安全供给能力的重要途径之一。这要求我国积极寻求与国际社会的合作机会，通过加强与国际社会的沟通与协作，共同应对全球资源挑战和推动全球矿业可持续发展。具体而言，我国可以积极参与国际矿业组织的活动和工作，通过加强与国际矿业组织的沟通与协作，共同推动全球矿业的可持续发展和繁荣进步。

此外，我国还可以积极参与国际社会的公益活动和慈善事业，通过参与公益活动和慈善事业等方式扩大自身影响力和提高国际形象，推动我国金属矿产资源行业的国际化发展及其社会责任的履行。

（五）推动矿产资源循环利用与绿色发展

1. 加强废弃物的回收利用工作

在金属矿产资源安全供给方面，加强废弃物的回收利用工作是推动矿产资源循环利用与绿色发展的重要途径之一。这要求我国积极寻求废弃物回收利用的技术和方法，通过加强对废弃物的分类、收集、储存、运输和处理等环节的管理和监管工作，提高废弃物的回收利用率和降低资源消耗。具体而言，我国可以加强对尾矿、废石等废弃物的回收利用工作，通过采用先进的选冶技术和设备，提高废弃物的回收利用率和降低资源消耗。

同时，我国还可以积极引进和消化吸收国际先进的废弃物回收利用技术和方法，提高我国废弃物回收利用的技术水平和效率。此外，我国还可以加强对废弃物回收利用企业的扶持和支持工作，通过提供财政补贴、税收优惠等，鼓励企业积极参与废弃物回收利用活动和提高回收利用率，推动我国金属矿产资源行业的绿色发展。

2. 推广清洁生产技术和设备的应用

在金属矿产资源安全供给方面，推广清洁生产技术和设备的应用是推动矿产资源循环利用与绿色发展的重要途径之一。这要求我国积极寻求清洁生产技术和设备的应用机会，通过加强对清洁生产技术和设备的研发工作，提高清洁生产技术和设备的应用水平和效率。

此外，我国还可以加强对清洁生产技术和设备的推广和普及工作，通过提供技术培训等鼓励企业积极采用清洁生产技术和设备，推动我国金属矿产资源行业的绿色发展。

3. 加强对生态环境的保护和修复工作

在金属矿产资源安全供给方面，加强对生态环境的保护和修复工作是推动矿产资源循环利用与绿色发展的重要途径之一。这要求我国积极寻求生态环境保护和修复的技术和方法，通过加强对生态环境的监测、评估和治理等工作提高生态环境的保护水平。具体而言，我国可以通过采用先进的监测技术和设备等，及时掌握生态环境的变化情况和趋势。

同时，我国还可以积极引进和消化吸收国际先进的生态环境保护和修复技术和方法。此外，我国还可以加大对生态环境保护和修复工作的资金投入，通过提供财政补贴、税收优惠等，鼓励企业积极参与生态环境保护和修复活动，推动我国金属矿产资源行业的绿色发展。

4. 推动矿产资源行业的绿色转型和升级发展

在金属矿产资源安全供给方面，推动矿产资源行业的绿色转型和升级发展是推动矿产资源循环利用与绿色发展的根本途径之一。具体而言，我国可以通过采用先进的绿色技术和设备等，提高矿产资源行业的开采效率和减少环境污染现象的发生。

此外，我国还可以加强对矿产资源行业绿色转型和升级发展的政策引导和支持工作，通过提供财政补贴、税收优惠等，鼓励企业积极参与绿色转型和升级发展活动，推动我国金属矿产资源行业的可持续发展。

参考文献

[1]刘熙，李冲，程文洁．金属矿产资源特征成矿规律与找矿方向 [J]. 世界有色金属，2024（21）：64–66.

[2]柴潇翔．有色金属地质岩心钻探技术及应用 [J]. 世界有色金属，2024（16）：142–144.

[3]黎华，黄凡，周伟金，等．广西贵金属矿产资源特征、成矿规律与找矿方向 [J]. 中国矿业，2024，33（8）：225–237.

[4]罗钊．浅析金属矿产地质勘查技术 [J]. 世界有色金属，2024（14）：142–144.

[5]杨启帆．矿产资源勘查与绿色技术创新 [J]. 世界有色金属，2024（13）：148–150.

[6]李德先，刘家军，黄凡，等．中国稀散金属矿资源概况 [J]. 中国矿业，2024，33（4）：13–22.

[7]高勇，李晓杰，左更．"割裂化"对我国战略性矿产资源安全的影响 [J]. 中国国土资源经济，2024，37（3）：4–10.

[8]常洲．我国矿区稀有金属矿产资源的可持续利用研究 [J]. 中国金属通报，2024（1）：111–113.

[9]韩宁，祝朝辉，杜春彦，等．河南省重要有色金属矿产资源供需形势分析与对策建议 [J]. 中国矿业，2023，32（12）：18–23.

[10]邓久帅，姚伟，林艳，等．"三深"金属矿产资源开采利用的绿色化思考 [J]. 绿色矿山，2023，1（1）：186–192.

[11]郭维．金属矿山地质勘查与深部地质钻探技术 [J]. 世界有色金属，2023（23）：151–153.

[12]方平，姚鹏，鄢新华，等．湘赣地区锂稀有金属矿床地质特征及成矿规律 [J]. 矿产勘查，2024，15（11）：2260–2074.

[13]薛飞，谭红兵，张西营，等．西藏富稀有金属元素地热泉物源、富集过程和资源效应 [J]. 中国科学：地球科学，2024，54（11）：3513–3537.

[14]陈祉卫，袁超，林正帆，等.中国阿尔泰早泥盆世花岗岩的成因、演化及稀有金属富集机制[J].岩石学报，2023，39（11）：3392–3416.
[15]于茵，林清.某在产黑色金属冶炼企业土壤及地下水污染管控修复模式探索[J].绿色科技，2024，26（24）：132–134.
[16]胡玉峰.河北闫家庄铁矿及辉长辉绿岩矿床地质特征及成因分析[J].现代矿业，2024，40（10）：34–37.
[17]颜桉.在地质科技创新上勇攀高峰[N].中国矿业报，2024–07–26（3）.
[18]中国地质学会2023年度地质科技重要进展地质找矿重大成果评点[N].中国矿业报，2024–04–01（2）.
[19]中国地质学会2023年度地质科技重要进展获奖项目[N].中国自然资源报，2024–04–01（7）.